もう即戦力を採り逃さない

「人の見抜き方」

思い込みに隠された真の能力は
ニュートラル視点で引き出す

本杉 芳和
［著］

合同フォレスト

はじめに

皆さんが本書に関心を持たれたのは、主に職場で、

「面接の担当者になったけれど、どんな質問をしたらよいのかわからない」
「何の不満があるのかわからないが、辞めてしまう社員が多い」
「新しい部下が自分の言うことを聞いてくれないが、なぜなのか」

といった困りごとがあるからではないでしょうか。

いずれも人間関係にまつわることですが、その根底にあるのは「どうしたら相手を見抜くことができるのかを知りたい」という思いでしょう。

そのような思いを抱く人はとても多いようで「人を見抜く方法」を紹介している本やウェブサイトはたくさんあります。

それらを見ると、

「相手の目を見て話をしない人には後ろめたい気持ちがある」
「足を組む人は社交的」
「話の語尾を濁す人は自信のない人」
など、根拠不明の占いめいたものから、一応は心理学的な裏付けのありそうなものまで、さまざまな情報があります。

では、これらのような「見抜き方」を覚えれば本当に人を見抜けるようになるかといえば、まず、そんなことはありません。

いくつもの業種で採用に関わり、面接で7000人以上の人に会ってきた私に言わせれば、そのような小手先の技術（しかも真偽は不明というシロモノです）を身につけても、相手がどんな人物かを見抜くことは、不可能です。

なぜなら、どんなノウハウを駆使したところで、相手を見抜こうとしている側、つまり**皆さんの「人を見る目や考え」にバイアスがかかっていては、相手の姿は、そのバイアスに合わせたようにしか見えてこないからです。**

小手先のノウハウの真偽以前に、残念ながら、皆さんの「相手を見る目」に問題があることが、多々あるのです。

ちょっとここで簡単なクイズをやってみましょう。

Q：ある会社の昼休み、女子トイレにふらりと部長が入って来ました。でもそこにいた女子社員は誰一人騒ぎ立てることなく、平然としています。これはいったいなぜでしょう？

この答えは、部長は女性だったからです。女性の部長が女子トイレに入ってきても、何の問題もありませんよね。

このクイズで、「部長＝男性」と思い込んでいた方は少なくないと思います。このようなことが、私のいう「バイアス」です。バイアスとは、自分自身の「偏見」「思い込み」

と言い換えることができますが、一言で言えば「認知の歪み」です。

人を見抜くために必要なのは、このような「認知の歪み」を取り除き、「ニュートラルな姿勢」で相手を見ることです。

他にも、

「転職回数が多いから飽きっぽいのかな」

「この人は頭の回転が速そうだから経理部門に向いているだろう」

「今度の新人は見込みがあるから、（昔取った杵柄で）自分が鍛え上げよう」

このような考え方をする人は少なくないと思いますが、これらは典型的な歪んだ認知です。

詳しいことは第1章から説明していきますが、このような認知のもとで相手を見ても、そこにいるのは本来の相手ではありません。

皆さんの思い込みによって歪んで映っている相手の姿なのです。

相手の姿を正しく見抜くためには、まずは自分の視点・考え方をいったん脇において、歪みのないニュートラルな状態をつくることが必要です。

そしてそれができれば、今まででであれば面接でふるい落としていたかもしれない人物に思いもよらない能力があることに気がついたり、自分では適材適所だと思っていた人員配置が実は間違っていたことがわかったり、あるいは自分の独りよがりな善意を押しつけるのではなく、もっと効果的な方法で社員のモチベーションを上げる方向に舵を切ったりと、社内にポジティブな変化を必ずもたらすことができます。

採用難・人材難といわれる現代だからこそ、より多くの方がニュートラルな姿勢を身につけ、正しい方向で人事を活性化させていく必要があります。

本書では、そのようなニュートラルな視点の持ち方、そしてそのうえで、どのように「相手」「自分」そして「組織」を見抜いていくべきか、紹介していきます。

多様化し、絶えず変化の波にさらされる現代にあって、ニュートラルな姿勢で物事を捉えられない企業や個人は、生き残ることはできません。

ぜひ本書で「ニュートラルな姿勢とは何か」「それをどのように活かすべきか」を身につけてほしいと思います。

本書の読み方

■第1章「自分を見抜く」、第2章「人を見抜く」、第3章「組織を見抜く」と順番通り読み進めていただくことを推奨します。

第1章 ニュートラルな心を持ち「人を見抜く」ためにはまず、自分が満たされていることが重要です。自分が満たされず、不平・不満の心を持っていれば、イライラや心の不安が大きくなり、ニュートラルな心で物事を判断したり、人を見たりすることができません。
そして、冷静な心でいることが重要です。とくに「怒り」の感情は人に与える影響がとても大きく、ニュートラルな心を持つことを妨げます。ですからいつでも冷静でいたいもの。第1章ではこれら2つの重要性を解説し、自分の中のバイアスに気づくことの重要性をお伝えします。

第2章 自分の中の価値観や決めつけを排除しましょう。時代によって、状況も価値観も変わるもの。自分のものさしを捨てて、事実と向き合い、判断することが大切です。「転職回数が多いからこらえ性がない」「真面目そうだから採用したい」などと一度でも考えたことがある方は要注意。

第3章 採用担当として大切なことは採用だけではなく、採用した社員が自社で働く際に「満足して働けるか」「ここに来てよかったと思ってもらえるか」です。自社の問題点に気づき、これからのメンバーのために改善しようという思いこそが本当の採用活動です。第3章では組織の良くない点を見抜くための重要な考え方をお伝えします。

目次

第1章 自分を見抜く

第2章 人を見抜く

第3章 組織を見抜く

本書の内容は特に記載のない限り、2024年10月時点のものです。

CHAPTER 1

第1章

自分を見抜く

バイアスが引き起こす組織の病

戦後の高度経済成長期に形成された「終身雇用制度」や「年功序列」といったシステムは、すでに過去のものとなりつつあります。この傾向は、今後ますます拍車がかかっていくでしょう。

その一方で、社員が働く環境に求める条件が多様になり、価値観も変化し続ける中で、いかに持続的な成長を実現していけばよいのか方法が見えずに、多くの企業が頭を抱えているのではないでしょうか。

経営者やマネジャー、採用担当者の悩みは、計り知れません。それらが解決されなければ、さまざまな「病」が組織を蝕んでいきます。

ただ実は、その病の原因に「バイアス」があるのではないかと私は考えています。

・自社の求めている人材を確保できない
・社員がなかなか定着しない

⬇採用の現場で求職者の性格・特徴・スキルなどをバイアスなしに適切にヒアリングし、求職者を最適な部署につなぐことができれば、「求める人材」として力を発揮してくれ、長く会社に貢献するでしょう。

・社員がやりがいをもって働けていない
・部下が何を考えているかわからない

⬇自分の今までの経験・体験の中でバイアスをかけて人を判断しようとしてもうまくいきません。しかし、ほとんどの管理職は自身の成功体験や、これまでの経験から部下の人間性や仕事に対するスタンスを判断しがちです。バイアスなしに、部下とコミュニケーションをとり、仕事ぶりを客観的に判断していけば、部下の仕事への姿勢や考えがまた新たに見えてくるかもしれません。

このように、現状に悪影響を与えているバイアスがあるとしたら、それは何なのか？　この問いを投げかけてみることが、すべてのスタートです。

なぜなら、思考や視点を変えなければ、優秀な人材の採用もさることながら、個人のライフスタイルや価値観を尊重する企業文化も、社員が自分らしさを大切にしながら組織に貢献することができる仕組みづくりも、ただのお題目になってしまうからです。

もちろん、主観を完全に排除することはできません。自身にどのようなバイアスがあり、そのバイアスはどのようなシーンで発露しやすいのか、まず客観視してみること。そうすれば目の前にいる人の適性や能力を適切に判断できるようになる土壌が生まれるのです。

見抜きポイント

現状のバイアスを変えることなく、採用やマネジメントを行っても、うまくいかない。まずは自分にどのようなバイアスがあるのか認識しよう

ニュートラルな心を持つためには自分が満たされること

人の適性や能力を適切に判断するためには、自分が「ニュートラルな姿勢」を保ち続けることが大前提になります。とはいうものの、現実的になかなかそれは難しいでしょう。

自分自身をよく理解できないまま、無理やりニュートラルな姿勢でいようとしてもストレスがたまるだけであり、あるいはニュートラルの意味を誤解して、相手に迎合するだけ

になってしまうということもありえます。

そうなると、いずれの場合も、曇ったレンズのメガネを通して相手を見ていることになってしまうだけでしょう。


そこで本章では「あるべきニュートラルな姿勢とはどのようなものか、そしてどうしたらその視点を持てるのか」を解説していきます。

常日頃から無理なくニュートラルな姿勢でいられるようになれば、的確に人を見抜くことができるようになるだけでなく、自分自身もとらわれるものがなくなり、とてもラクに生きられるようになるはずです。

そもそもニュートラルな心を持つためには、自身の心が満たされている必要があります（**図1**）。私が実際行い、ニュートラルな心を持つうえで必要だと考えている3つのことをご紹介します。

①瞑想

瞑想をすることで「自分の過去を振り返り、自分の辛い想いを吐き出すこと」ができる

図1

ニュートラルな心の状態とは

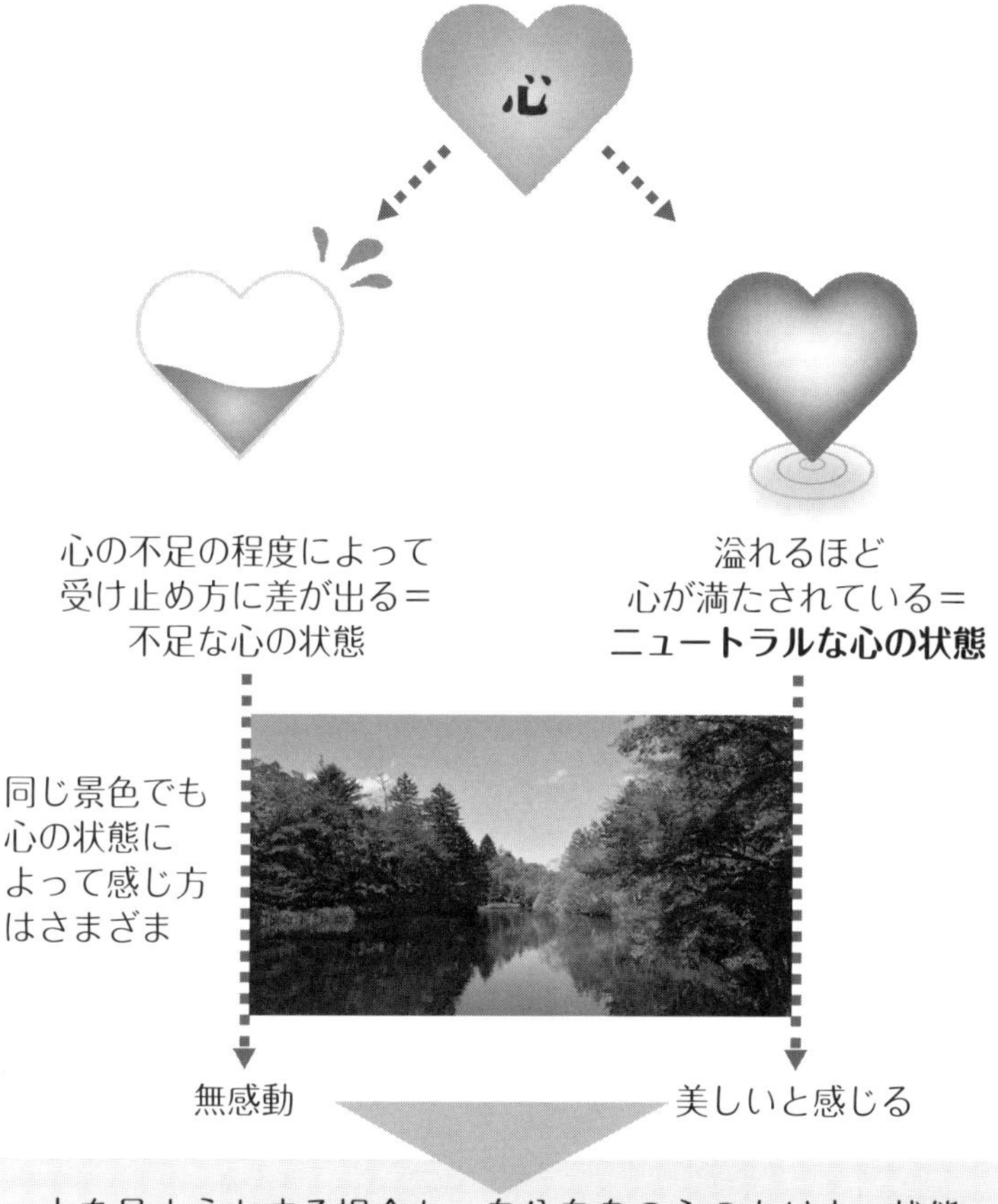
心
心の不足の程度によって
受け止め方に差が出る＝
不足な心の状態
溢れるほど
心が満たされている＝
ニュートラルな心の状態
同じ景色でも
心の状態に
よって感じ方
はさまざま
無感動
美しいと感じる

人を見ようとする場合も、自分自身の心のあり方、状態により同じ人物に会ったとしても感じ方に違いが出る。人を正しく見抜くには、まず自身の心の状態を整えることが大事。

のです。

私は30代のころ、人生を良くするには感情に振り回されないことが大事ではないかと考え、その解決策として、瞑想と心を内観すること（**②参照**）に取り組みました。

瞑想している際に気づいたのは、最後に自分自身を抱きしめ、「ご苦労様！」と3回ほど唱えると、自己肯定感が強くなるということです。誰にでも、過去のトラウマがあると思いますが、瞑想を通してトラウマによる心の痛みを和らげ、人生を好転させることができます。1日30分でも、空いた時間に行ってみてください。

②内観

内観法とは、内観法の創始者、吉本伊信氏が考案したものです。

富山大学学術研究部医学系神経精神医学講座テキストには以下の記載があります。


内観法は、生活史における対人関係を振り返ることにより自己洞察を促す心理的技法です。（中略）内観法には日常生活で短時間行う「日常内観」と一週間連続で行う「集中内観」があります。以下の説明は、集中内観の方法です。二つ折りの屏風に仕切られた空間で楽な姿勢で座ってもらい、自分と関わりが深かった人物に対して「してもらったこと」「して返したこと」「迷惑をかけたこと」(これを内観三項目という)の具体的な出来事を回想してもらいます。」

日常内観においても、集中内観においても、自分と関わりが深かった人物に対して「してもらったこと」「して返したこと」「迷惑をかけたこと」を回想することは一緒です。

私は集中内観を行った後、日常内観を繰り返していくことで、父親との関係に変化がありました。

私は小さいころから父親が苦手で心理的に距離がありましたが、内観法や瞑想をすることにより反発心が消え、自身が父に感謝する気持ちでいたら、関係性が劇的に良くなりました。

感謝の心を持つことで、父と会話をするようになったのです。家族との関係がうまくいくことで、自分の心の充足を感じました。

内観法には、このほか、ストレスの軽減や他者への共感性が上がるなどの効果があるとされています。

自分自身を知ることで得られることは多々ありますので、ぜひ行ってみてください。

③「好きなことをとことんやり抜く」こと

これは当然のことですが、意外と自分の趣味を楽しんでいる人は少ないように感じます。好きなことをとことんやり抜かないと、ストレスなどがたまり、ものの見方が負の感情によって歪められてしまう可能性が高まります。ぜひ好きなことをやり抜いてください。

私の場合は、エアロビクスでした。

本当に楽しく、1時間のレッスンが終わった瞬間、汗がどっと出て、昼間のストレスから解放される至福の時間でした。自分の身体が満足に動くと、満たされる瞬間がありました。その時、「もう何もいらない!」という感覚を持つことができたのです。

以上紹介してきたように、心が満たされる経験をすることにより「自らが源である」と考えるようになりました。**心に「不足感がある状態」では何をやっても満足できません。**周囲から自分が不足している部分を補おうとしてしまいますから。

ニュートラルな心を持つためには、自身が満たされている状態で、あるがままの自分を受容していることが必要です。

見抜きポイント

ニュートラルな心を持つためには、自分自身を満たすこと

事実に感情を入れず、冷静に捉える

ニュートラルな心を持つために大切なことはもう1つあります。それは「冷静であること」です。事実を客観的に捉えるためには必要です。

先述の通り、私は「自分の心が満たされること」が人生を豊かにすると考え、瞑想や内観により感情を解放し、トラウマを浄化することに取り組んでいました。しかし、ある時、どんなに過去の感情をクリアにしても、負の感情が芽生えてしまい、感情と向き合い対処することに限界を感じていました。

具体的に話をすると、サービス業に勤めていた時のことです。

ある男性スタッフのお客様への対応が良くないと感じて、彼が「スタッフの模範的行動」を身につけられるように、働きかけました。しかし、彼は一向に変わりません。私は、自分の力不足を責め、彼の向上心のなさも責め、常にイライラしていました。

例えば、彼の行動の良くないこととして、お客様からクレームをいただいても、「自分は悪くない」と言い訳をする癖がありました。確かにクレームの中にはお客様に落ち度があるケースもありましたが、重要なのは「クレームになってしまった」という事実です。なぜ、クレームにつながったのか要因分析を行ったうえで改善に取り組み、次回以降はお客様に気持ちよくサービスを利用していただくことが重要なのです。「誰に責任がある」とか「誰が悪い」ということは二の次です。

当時、私は彼と同じ役職だったこともあり、彼に直言はできませんでした。ですから、直属の上司に伝え、指導をしてもらおうと考えました。

しかし、上司が何度も彼に対して指摘をしたものの、改善は見られませんでした。

伝え方がいけないのかと考え、上司と相談し「改善案」を具体的に作成し上司に伝えてもらったり、接客業に携わる者としてのとるべき姿勢を伝えてもらったりしたのですが、うまくいきませんでした。

指摘やアドバイスを聞き入れてもらえないことで、私と上司は、次第に感情的になっていきました。ですが、感情的になればなるほど、こちらの意見は聞き入れてもらえなくなりました。

この経験から学んだ教訓は、**「他人を自分の色に染めることはできない」**というものです。

彼をマネジャーに据えているのは、会社です。事実をもとに指摘をしたとして、それが受け入れられようとそうでなかろうと、彼の振る舞いを判断するのは会社なのです。

ですから、必要以上に相手に対して、指導をする必要はないのです。

正論と感情の間で苦悩しても、相手にはまったく効果がないのです。

また、別の例ですが、感情で相対してはいけないことを、学んだことがあります。

ある仕事の関係で知り合いになった方と話すと、いつもイライラさせられました。それは、彼が私の言葉を否定するような話し方をしていたからです。

彼とはだいたい次のようなやり取りをよく行っていました。

＊「私」＝、「相手」＝

「やり方さえ身につければ、営業って簡単だよね」

「いや、営業は難しいよ」

「そうだね。始めたばかりなら営業は難しいだろうけど」

「でも、慣れてきたら営業なんて簡単だけどね」

まるで会話泥棒です。

彼と言っていることは同じなのに「いや」「でも」と否定されるような話し方で割り込んでこられて、「この進め方はないだろう」と不快に思いました。

自分の価値観や考えを否定された時、人は怒りの感情が湧いてくるものです。なのに、わざわざ否定する会話方法を用いてくるなんて、と大変不愉快な思いをしたのです。帰宅中、その時のやり取りを反芻《はんすう》した私は、この怒りは無駄なものだな、と悟りました。私自身が、AやBという結論にこだわっていなかったか。また、相性の良くない相手から言われているということで冷静になれなかったのではなかったか。

AでもBでも、誰が発言したことだとしてもOK、というニュートラルな心の状態であれば感情的になることもなく、建設的な会話でもっと深く話ができたかもしれないのです。究極のところ、人生は、AでもBでも、CでもDでも、どれでもよくて、**何を選択して生きるか**だと理解できた瞬間でもありました。

相手を変えたいと思わない。
感情で相対しない。
自分をニュートラルな状態に保つ。

これらが大事だという気づきが私を変えました。
そして、これこそが「自らが源」の意味だったのです。

見抜きポイント

自分の価値観を絶対だと思わず、AでもBでもいいとニュートラルな思考を持つことで、より充実した対話ができる

その「善意」、パワハラになっていませんか？

少し前のことですが、国民的な歌劇団でパワハラが横行していたことが世間の耳目を集めました。

さらに世間を驚かせたのは、各方面から指摘されたさまざまな問題点に関して、その劇団の調査チームが「パワハラはなかった」という結果報告をしたことです。

それまでの報道内容を見る限りでは、多くの方々に「これでパワハラはなかったというのは無理がある」と言われても仕方ないでしょう。

しかし私は、当事者たちが「パワハラはなかった」という認識を示すのもやむを得ないかもしれないとも思っています。

もちろん、パワハラがあっても仕方ない、容認するべきだなどと言っているわけではありません。

パワハラは、他人の身体や精神を蝕《むしば》む犯罪行為とさえ思っています。断じて許されないことであり、件《くだん》の調査チームの報告が言語道断なことは言うまでもありません。

それでも「パワハラはなかった」という認識でも仕方がないと思うのは、パワハラをしている側には悪意がなく、むしろ「善意」でやっていることが少なくないからです。

例の歌劇団の場合も、パワハラの当事者たちはおそらく「善意で」一生懸命指導をしていたという認識なのだと思います。

しかし、この「善意」が曲者《くせもの》なのです。

友人や同僚同士でも「押し付けがましい善意」というのはあります。ただ、この場合は、「いらぬおせっかい」ということで話を片付けることはできますし、また、あまりにうるさく感じるようであれば距離を置くということもできます。

ただ、その「善意」を振りかざしてくる相手が上司や先輩など、立場のある人物だったらどうなるでしょうか。

全員が全員、パワハラになるほどの対応をしてくるとは限りませんが、自分の信念が強い人ほど、「善意」を強烈に押し付けてきます。

例えば営業成績が伸び悩んでいる新入社員に、優秀な上司が「こんな風に売り込んでみたらいいよ」というアドバイスをしたとしましょう。

ところが、上司の担当エリアと自分の担当エリアでは客層がまったく異なるため、上司の提案方法は通用しないことが判明しました。この場合、どうなるでしょうか。

後日、上司から、

「あの方法を試してみた？　どうだった？」と聞かれ、新入社員は、

「……あ、ええ。ちょっとうまくいかなかったです」

「そうか、じゃあ、次はこんな方法でいってみよう」

と新たなアドバイスをされますが、担当エリアや時代の違いから、それもほぼ効果がないことがわかっているので、生返事です。

このようなことを繰り返しているうちに、上司も次第にしびれをきらしはじめ、

「おい、一向に契約数が増えていないね。進捗は？」

と明らかに不機嫌な様子に。

新入社員が、実際にはやっていなくも、「ええ、やってはいるんですが……」と答えると「この方法でうまくいかないはずがないんだけどな」と怒り始めます。

あげく「せっかくのアドバイスも、聞く耳を持たない」とあたりに言いふらすようになり、新入社員は徐々に居場所を失っていく……。

いかがでしょうか。

どう考えてもパワハラ以外の何物でもないと思いますが、当事者である上司にはおそらく「パワハラをしている」などという気持ちはないでしょう。

しかし、立場のある人間が善意を振りかざすのは、部下にとってはパワハラとしかいえないことが少なくないのです。

部下や後輩に対して「いつも同じことを言っているのに、まったく響かない」。そんなふうに感じることがある方は、要注意です。

何度、同じことを言っても他人が動かないのは、その人がダメだからではありません。自分が言っていることが、残念ながら役に立っていないからです。

しかも、その役に立たないアドバイスを聞き入れないからといって攻撃をする。

これは立派なパワハラです。このような場合、自分と相手の認識のズレをはっきりと意識するべきです。

見抜きポイント

「良かれ」と思っても相手のためになっていないこともある。自分の提案が絶対に正しいという認識を改めよう

ファミレスに行ったら店員の立場で考えてみる

「ニュートラルな視点で人を評価する」ことは、自分の中の思い込みや偏見をいったん脇に置き、目の前の人物をそのままで判断するということです。

このことは冒頭にもお話ししたことなので、すでにご理解いただけていることと思いま

すが、実際にはなかなか難しいものです。

そこで有効な練習方法が、**「自分とは違う立場の人の目線で考える」**ということです。具体的には、普段自分が受けているサービスを、逆に提供する側の立場から考えてみるというのが、身近でわかりやすいでしょう。

例えば、ファミレスに入った時に、店員の視点から客席を見てみてください。客側の立場だと、「店員を呼んでもなかなか来ない」「料理が出てくるのが遅い」「店員の対応が悪い」など、いろいろな不満を感じることがあると思いますが、そんな不満はいったん脇に置き、店員の視点で客席を見てみるのです。

ここではフロア担当の店員にしぼって考えてみますが、まず、客数や客層、テーブルに並んでいる品数などをざっと見てみます。満席に近い状態の場合もあれば、反対に空席が目立つという場合もあると思います。

そして今度は、フロアにいる店員の人数を数えてみてください。たいていのファミレスの場合、コスト削減のため、驚くほどその人数は少ないと思います。おそらく、店員1人で10テーブルくらいを担当するのが普通ではないでしょうか。

仮に1つのテーブルに4人が座ったとしたら、店員1人で担当する客の数は40人です。しかもその40人は、バラバラに料理を注文したり、店員を呼んで質問をしたり、クレームを入れたりするのです。

慣れた店員であれば、テーブルの様子を見ながらさまざまなことを予想して動くこともできるでしょうが、そうでなければうまくはいきません。

結果、いくつもの対応に追われ店員はあたふたし、客はイライラするということになります。

ここで私が言いたいのは、「客も少しは我慢するべき」ということではありません。

テーブルごとに担当する店員は決まっているのですから、その店員の様子を見ながら、手が空いていそうなタイミングでオーダーなり質問なりをすれば、イライラすることは減らせるのではないかということです。

「自分が呼んだら、すぐに来るべき」というのはカスタマーハラスメントの一種のようにも思えますが、これは「店員とはかくあるべき」という強い思い込みからくるものです。

まずは簡単にできる「店員の立場になる」という練習を、やってみてほしいと思います。

作家の田中康夫さんは、飛行機での移動中、キャビンアテンダントに頼み事がある時には、一通りドリンクサービスなどを終えて手が空いている時を見計らって呼んでいたそうです。

これを〝思いやり〟というと道徳めいてしまいますが、相手の立場でものを考えるという視点に立てば、理にかなったことではないでしょうか。

見抜きポイント

相手の立場になって考えることが、「思い込み」を脇に置き、思いやりをもてるきっかけになる

もしも16歳の人が面接に来たら……？

皆さんが人事の責任者として、管理職の中途採用のために面接を進めていたとしましょう。

そこへ、中学校を卒業したての人がやってきて「面接を受けたい」と言いました。

皆さんはどうしますか？

ほとんどの方が話を聞くまでもなく、お引き取りいただくのではないでしょうか。

しかし、最近は、16歳でも社会的な成功を収めた方も少なくありません。

法人登記を中学校卒業後に行い、事業収益化を達成した方や海外留学を経て起業を身近に感じ、経営を行うスーパー高校生だっています。そういった方々が「管理職をやってみたい！」と応募してくる可能性もこれからはいくらでもあります。

では、皆さんが面接で追い返した16歳の青年と、高校生起業家に何か違いはあるのでしょうか？

それは、「ある」とも言えますし、「ない」とも言えます。

「結局わからないんじゃないか」と言われそうですが、その通りです。

「わかりません」というのが正確で、ニュートラルな回答です。

なぜなら、面接を受けることができなかった青年については、何一つ話を聞くことなく追い返してしまっているからです。

もしそこで「なぜこの若さで管理職の面接を受けに来たのか」「それまでに何があったのか」などと話を聞いていれば、「我が社に必要な人材かもしれない」という結論になったかもしれません。

16歳の青年も百人百様。

それぞれが違った個性や考え方を持ち、起業家になった理由もさまざまでしょう。

もしかしたら、中学校の成績も優秀で進学校を十分狙えたのにもかかわらず、心に期すものがあり、起業家になったのかもしれません。そして起業家という立場だけではなく、管理職という立場も経験し、自分の人間性の幅を広げたいと考えているのかもしれません。

この場合のあるべきニュートラルな態度とは、まずは自分自身の中にある「16歳」という概念を破り捨て、目の前にいる人物を素のままで捉えることです。

この場合であれば、会社との相性を考え、活躍の場がありそうだったら採用すれば良し、そうでなければ縁がなかったということです。

16歳というと極端すぎたかもしれませんが、7000人もの面接をしていると、「ミュージシャンの夢に挫折して」とか、「俳優になるのを諦めて」などと一般的な就職活動をしてきた人とは違う経歴を持った人はいくらでもいます。

中には「現実を見ないで夢を追いかけているなんて……。そんな人は使えるわけないよ」と思われてしまう方もいらっしゃるかもしれません。

しかし、もしかしたらミュージシャンとしてチケットをさばくために独自のマーケティングスキルを持っているかもしれません。またたとえ芽が出なかったとしても、俳優の修業を続ける中で対人スキルはピカイチになっていることもありえます。

要は自分の経験と理解の範囲内で、先入観を持って人を判断しないことです。

そして、何か一点をもって、その人のすべてを推し量るべきではないということです。

個人の知っている世界は、小さなものです。

まずは自分自身がその小さな世界から飛び出すことが必要です。

見抜きポイント

「この人はダメだな」という思いが意識にのぼったら、まず行うべきはその意識を捨て去ること

業界とポジション名に期待した採用には要注意

新たに人を採用する際には、多くの採用担当者が、求職者の前職とそこでのポジションを重要視します。

その点が募集中の人材とマッチしていて、実際に話をして、人柄にも問題がないようであれば、有力な採用候補者になることでしょう。

しかし、このような「同じ職種、同じポジションだから大丈夫だろう」と考えるのも、実は思い込みの罠にはまっているということがあるのです。

考えてみれば、それは当然です。

例えば「20年以上、寿司職人の経験がある」というケースで考えてみましょう。

寿司職人といっても、品質重視の一流店の職人とコストパフォーマンス重視のチェーン店の職人とでは、仕事に対する考え方や得意なことは違うはずです。

これは、どちらが良い、悪いという話ではなく、両者の「違い」です。

その違いを考えることなく、「同じ仕事なんだからできるだろう」というのは、曇ったレンズのメガネをかけたまま、人を判断しているということです。

なぜこのようなお話をするかといえば、実は私にも似たような経験があるからです。大規模なホテルチェーンで、管理部門のマネジャーをしていたころのことです。

男性がフロント部門のマネジャーとして転職してきました。

前職でもフロント部門で働いていた彼は大きな期待をされていましたが、私は「大丈夫なのだろうか」という疑問を持ちました。

それは彼の前職が、大規模なホテルチェーンではなかったためです。

大規模なホテルと小さなホテルでは、客層も、求められるサービスも大きく違います。ですから「やり方の違いに戸惑ってしまうかな」という気がしていました。

数週間が過ぎたころ、悪い予感は当たりました。お客様から強いクレームが入ったのです。

なんでも、件のフロントマネジャーから、「予約していたはずのサービスが受けられない」という説明をされたとのこと。

どうやらフロント同士の連絡ができていなかったようで、ホテル側のミスでした。

そうなれば、当然お客様には丁重に謝罪して、善後策を提案しなくてはならないのですが、フロントマネジャーは、謝罪もせず、言い訳をしてしまったようです。

たしかにサービス業をしていると、何かの問題が発生した時、全面的に自分たちだけに責任があるわけではないという場面も少なくありません。

しかし、お客様を不愉快にさせることがあれば、まずは謝罪から入って、お客様に落ち着いてもらい詳しく話を聞くというのが理想的な対応です。

おそらく前職では、彼はフロントの権限をすべて握っていて、社内でもそれなりの立場にいたのでしょう。

人材がカルチャーフィットする難しさももちろんありますが、人を見抜くとはどのようなことか、考えさせられた一件でもありました。

見抜きポイント

「仕事の内容は前職と似たものだから大丈夫」という思い込みが悪い結果を招く。仕事の内容と、担当となる人物の両方を見極めよう

今の自分の価値観も絶対ではないことを知る

今まで何度となくお伝えしていますが**「ニュートラルな心」とは、相手をありのままの姿で見ることであり、そのためには自分の先入観や思い込みをいったん脇に置くことが必要**です。

ところで、このような話をすると、よく次のようなことを言われます。

「『脇に置く』なんて簡単に言うけど、そんなことはなかなかできないよ。長い人生の中で出来上がった価値観なんだから」

そのような反応を耳にすると、私は「そんなことはなかなかできない」ということこそ、強烈な思い込みなのではないかと思ってしまいます。

なぜなら、人の価値観が一生変わらないということのほうが、考えづらいことだからです。人の価値観は、外部から影響を受ける、あるいはある種の気づきを得ることで、ガラッと変わってしまうことが、ままあります。

例えば、身近な例でいえば、ＳＮＳの普及前とその後で、価値観が変わったという人は少なくないのではないでしょうか。

ＳＮＳが普及する前は、人同士のつながりは限られた範囲内のものである一方、コミュニケーションを取ろうと思ったら実際に会いにいく必要があり、いわゆるリアルなふれあいが重視されるものでした。

しかしＳＮＳの登場で、人々のコミュニケーションの範囲は無限大に広がり、その気になれば誰とでもつながることができるようになりました。その一方、リアルなふれあいは希薄な傾向ともなり、突っ込んだ交流はしづらいともいわれます。

このように一長一短のあるＳＮＳですが、ＳＮＳを活用することによって、「いろいろな情報や気になる人にコミュニケーションを取ることで自分の可能性が広がった。それまでは限られた範囲の狭くて濃い付き合いが大切だと思っていたが、今の自分は違う」という変化を経験した方もいることでしょう。

このように、人の価値観とは永遠に不変のものではないのです。だからこそ「染み付いた価値観から逃れることはできない」というのは、単なる思い込みだと私は考えています。

私自身、数年前に大きな価値観の変化を体験しました。

私は仏教でいわれている「輪廻転生」が本当にあるのか？　と数十年間考えてきました。

当時は毎晩、寝る前になるとそのことが頭をよぎり、ああでもない、こうでもない、といろいろ考えてしまっていたのですが、ある晩、その考え過ぎが高じて、いわば「知恵熱」が出てしまったのです。子供の知恵熱というのは聞いたことがありますが、いい歳をした大人が知恵熱を出すというのは尋常ではありません。

結局その時は翌日の晩もうなされていたのですが、そこではっとひらめいたことがあります。それは**「輪廻転生があってもなくても、どちらでもいいじゃないか」**ということです。

輪廻転生があるかどうかはわかりません。

しかし、あると信じている人もいれば、ないと考えている人もいます。輪廻転生を体験して、いまここに生きている人がいるのかもいないのかもわかりません。

そのような中で、**どちらが正しいのかを争っても意味はないということに気がついたのです。**むしろ大切なことは「いろいろな考え方があってよい」という概念を理解することです。

このように、数十年間にわたる疑問がすっと晴れた私には、自分とは別の価値観を認める、いろいろな選択の方法があることを「それでよし」とする姿勢が自然と身についたように思います。

自分で言っておいて変かもしれませんが「価値観の違いを認める」というから、どうしても大げさになってしまうのではないかという気がします。

「変化を続ける中で、あなたはどの選択肢を選びとったのですか？」

心の中でそんな問いかけをすることが、ニュートラルな心を持つということなのではないかと思います。

見抜きポイント

自分の価値観が変わっても、それを「選択」していると捉え、認める。他人の価値観を認めるのもそれと同じ

視野を広げることがニュートラルな心につながる

「1000人いれば1000通りの生き方がある」とよく言われます。

この言葉を別の面から考えてみると、1000人の生き方はそれぞれが違うものであり、交わることはないということです。ということは、他人の価値観や生き方を理解するためには、より多くの人の生き方に関心を持つことが大切なのです。

例えば、大変な苦労をしながらもミュージシャンとして頑張っている人がいたとします。一般的なビジネスパーソンからすれば、安定した生活をせずに、なぜそのような人生を選んだのかはわからないでしょう。

ここで話を面接に限定すると、そのようなミュージシャンの生き方を知らない人が面接官をやっていて、ミュージシャンの人が面接に来た場合、もしかしたら「いい歳をしていったいこの人は何をしているんだ？」という、上から目線の態度をとってしまうかもしれません。

それは当然ニュートラルな心とはかけ離れたものであり、その人の良い部分など見つけられるはずもありません。
しかしもし、その面接官にミュージシャンの知り合いが一人でもいたら、「ああ、知り合いにもこういう人がいるな。似たような感じなのかな」程度の関心を持って話を聞こうとするでしょう。

先入観や思い込みを取り除くことには直結しないかもしれませんが、少なくとも「他人の人生を理解する」という点ではプラスの材料になるはずです。
このように、自分とは違う生き方をしている人の人生に興味を持って接することで、自分の視野を広げることができ、ニュートラルな心に近づくことができると思います。

ここで個人的な話をさせていただくと、私は会社員として営業、接客、人事などさまざまな職種を経験しているだけでなく、会社員以外にも、英会話教室や整体院の経営をしたり、市議会議員の選挙に出馬したりと、さまざまな経験をしているので、他の方よりも幅広い視野を持っているつもりです。

また仕事以外に趣味でも、いろいろな方の視点を学んでいます。

いくつか、例を挙げてみましょう（**図2**）。

まず朗読教室に通って、そこの講師のアナウンサーと話をすることで、自分が他人からどのように見られているかといったアナウンサー視点でのものの見方を学び、カラオケ教室で歌手である講師と話をして、なぜこの仕事を選んだのか、歌を仕事にするとはどのようなことなのかなどを聞くことで、音楽関係に携わる人の価値観・世界観を知ることができました。

ほかには、もともと絵が得意だったこともあってデッサン教室に通ったこともあるのですが、そこでは絵を描く人たちの視点を学ぶことができました。

絵画とは、立体的なものを平面上に表現しなくてはいけないので、やはり独自の視点が必要になります。ここでも自分にはない視点を持っている人たちから多くの話を聞くことができ、貴重な学びにつながりました。

デッサンで学んだことは、影が大事なこと。光の部分を活かすには影の部分を丁寧に、しっかりと描かないと良い作品に仕上がらないということが新鮮に感じられました。なぜなら、**人は成功よりも失敗や苦労をしている時にこそ、人間性が滲み出るもの**だからです。

ですから私は履歴書などで会社が倒産したとか、事業縮小でやむを得ず転職をしたとか、そういった場合の求職者の捉え方や感じ方に注目します。

ここで、被害者意識から「会社のせいで、今、就職活動をしています」と回答する人物と「残念でしたが、会社には感謝しています。今度は培った経験を活かすべく、転職活動をしています」と回答する人物では天と地の開きがあるほど、人間性のあり方が違います。地に足の着いた後者を当然、選ぶことになるでしょう。


私は、シナリオ教室にも通ったことがあります。

そこは、卒業生が何人もプロの脚本家になっている名門のシナリオ・センターだったのですが、彼らがどのような視点でドラマの脚本を書いているのかがわかり、非常に興味深かったですね。

ドラマとは「ドラマチック」という言葉があるように、波乱万丈に満ちた出来事や人生が描かれたものも多くあります。

大切な人とすれ違いがあったり、いじめられたり、また善意を理解されずに苦しんだりしていた人が、偶然の出来事から人生大逆転に向かっていく……。

図2

自分の経験を広げて
他者への理解・共感の幅を広げる

趣　味

シナリオ
- 苦労した主人公の経験
- 苦難の乗り越え方
- アーティスティックな生き方

デッサン
- 人と人生の光と影のバランス

1つのテーマで知ることができたことを列挙。自分の視点の広がりがアイキャッチにわかる

ビジネス

多職種の経験
- 営業の大変さ、醍醐味
- 人事に大切な考え方、陥りがちな思考
- お客様への接し方で大切なポイント・大変なポイント

軸はいくつあってもよい。
経験をすることで、多様性を理解できる

人との会話

朗読教室にて
- アナウンサー視点でのものの見方

カラオケ教室にて
- 歌を仕事にするとはどういうことなのか知る

テーマを選定する時は、自分がやりたいことを選定する。好きなことをやったほうが伸びしろがあるし、自分を満足させることができる

ドラマとしてはありがちなパターンですが、シナリオを書く人たちは実際の人生もそのようなものだと捉えていたりして、その世界観に思わずうなずいたこともあります。

このように、いろいろな世界の人たちの考え方や視点について関心を持っていれば、視野は広がり、自分とは違う生き方をしてきた人と出会った時も、拒絶反応を示すことが少なくなっていきます。

何かの教室に通うもよし、サークルに参加するもよし。今まで興味のなかった世界に、少し足を踏み入れてみてほしいと思います。

見抜きポイント

「自分は思い込みが激しいかも」と思う人は、興味のないことに挑戦してみるとよい。それによって確実に視野が広がる

自分が何にイラッとするのかに気づく

心理学に「メタ認知」という言葉があります。
これは**「何かを認知している自分を客観的に認知する」**ということです。

少しわかりづらいかもしれませんね。

例えば、皆さんが部下のミスについて怒りを感じているとしましょう。

個人差はあるかもしれませんが、怒りの感情がどんどん燃え盛ると、つい相手を怒鳴りつけてしまう、あるいは周囲に当たり散らしてしまうといったことが起こります。


そのような時「ああ、自分はこのようなミスや、そういうことをする人を見ると怒りを感じるのだな」と、一段上から客観的に自分のことを見るのです。そうすることで、あるがままの自分を理解することができます。

これが「メタ認知」です。

お気づきかもしれませんが、少し前に話題になった「アンガーマネジメント」と「メタ認知」は切っても切れない関係にあります。

では、メタ認知のメリットは何かといえば、自分の感情を理性的にコントロールできるようになるということです。

つまり、「部下がそのようなミスをしなければ自分も頭に来ることがない」し、では「ミスをしないためにはどうしたらよいのか、部下と考えよう」という理性的な思考が働くということです（**図3**）。

「メタ認知ができる」ということは、いつも心が落ち着いていて、冷静な判断ができるということです。

前置きが長くなりましたが、私が提唱する「ニュートラルな心」も、それと近いものがあります。

図3

すみません、
メールの誤送信を
してしまいました
それって、
何回もする
ミスなのかな？
部下が
ケアレスミス
しないように、
メールの送信手順
を作ろう！
自分は、
ケアレスミスに
イライラするんだな
マニュアル

ニュートラルな心とは、いわば「自分とは異なる相手のことも認められる平和な心」です。先の例でいえば「ミスを頻発する部下を認めない」のではなく、いったんそれはそれとして認め、そのうえで「ではミスをしないためにはどうしたらよいのか」を考えるということです。

社内には、部下がしたミスを許せないと思う人もいるでしょうし、あるいは特になんとも思わない人もいるかもしれません。「許す人もいるし、自分のように許せないと思う人もいる。それはそれでいいじゃないか」という心境がニュートラルな心です。

人は不平や不満があると、なかなかニュートラルな心になることができません。不平、不満は心の傷口だと考えるとわかりやすいかもしれません。何かその傷に触れるものがあると、心は大きく反応します。そしてその反応は偏見や思い込みにつながりやすいのです。

しかし、何の傷口もなければ、刺激物に触れても反応することはありません。

ニュートラルな心を持つための簡単な練習方法の一つに「面倒な作業を楽しむ」ということがあります。

例えば、社内を当番制で清掃するというルールがあったとしましょう。

ある人はルールを守って、自分が当番の時には早めに出社して社内の清掃をしています。ところが別の人は何かと理由をつけて、自分の当番はいつもサボっています。

これで社内の評価が変わらないとしたら、明らかに不公平ですが、それはさておき、毎回真面目に清掃している人は、していない相手のことを「この人はずるい！」と心の中で責め立てているのと、そのような相手のことは関係なく、自分が当番の日には「掃除をするとキレイになって気持ちがいいな」と感じているのとでは、どちらがニュートラルな心に近いでしょうか？

もちろん、後者ですよね。

自分とは違う存在の相手をいくら心の中で罵ったとしても、不愉快になるだけで得るものは何もありません。それよりも「掃除をしないならしないでいいじゃないか」と考えれば、自分の心は平静に保たれます。
そしてその平和な心を持つことで、いろいろな人をありのままに判断できるようになるのです。

- 自分自身を客観的に見ること
- 他人も自分もこれでよいと思えること

ぜひこの2点を自分のものにしていただきたいと思います。

見抜きポイント

「不平・不満」は心の傷。これらをなくすことでニュートラルな心に近づくことができる

大切なのは面接官が平静な心でいること

採用にあたって人を見抜かなければならない面接官にとって、最も大切なことは「ニュートラルな心」であることは、すでにご理解いただいていることと思います。

ただし、ニュートラルな心を持つためには、もともと自分が持っている先入観や思い込みなどを脇に置いておく必要があります。

これは、特に最初のうちは、ある程度強引に自分の心をコントロールする必要があります。そしてそのコントロールを実現させるためには、そもそもの自分の心が平穏で満たされている状態であることが重要です。

自分の心に不満を抱えているまま、さらにコントロールするということは、不満に不満を重ねるということでもあります。

これはさすがに、自分の心にかける負担が大きすぎます。

その負荷を軽減するためにも、自分の心を平穏に、満たされた状態にしておく必要があるのです。

例えば、採用の面接を控えているのに、関係部署から「至急」と件名に付されているメールが来た場合、「スケジュールがすでに埋まっているのに……」と焦ったり、イライラしたりするケースがあるでしょう。

そんな時には「これから面接があるので、そのあとに対応させていただきます」と返信し、今すぐに対応できない旨を伝えてしまうと、心が乱されなくてすみます。

もっと差し迫っている時には、「至急」と書かれていても、メールそのものを開かないことにし、面接の準備だけを淡々とやってしまいましょう。

こういった心を乱す可能性のある場面は数年ほど業務を行っていると、予測できるようになると思います。どんな時に心が乱されるか、事前にノートなどにメモをしておき、対応策を考えておくと、心が満たされている状態で、面接などの重要な仕事に臨めるはずです。

また面接に向かう時には、「これから自分は入社志望者の面接に集中する。これは誰にやらされているわけでもない。会社の将来を担う人材に誰よりも早く会えるということは、とても楽しみなことだ。そんな大切な仕事に取り組むことができる自分は幸せだ。さあ、集中しよう」などと考えて、他の考え事や心配事は、一切忘れることです。

夫婦喧嘩や家族から聞かされるグチ、重大案件についての上司の無理な命令など、心を乱すものはたくさんあるかもしれませんが「集中した心」があれば、いま自分が置かれている状況がどのようなものであれ、気持ちを乱されることはありません。

常に「何かが足りない」「満たされない」という心持ちでいては、心の平穏は訪れないですし、またニュートラルな心を獲得することもできません。

いま目の前にあることに集中し、それができることを幸せに感じること。

まずはこのことから始めてみてください。

見抜きポイント

面接官に必要なものは、自分の心が満たされていること。心を満たすためには、目の前のことに集中すること

視覚からの情報に大きな影響を受けることを知っておこう

さて、第1章では「自分を見抜く」ということに主眼を置き、お話ししてきました。

とはいえ、いざ実行するのはなかなか難しいと思います。

普段自分がどれほどバイアスをかけて人を見ているかということは、無自覚ゆえ、認識しにくいのです。

これは実感しないとなかなか理解できないものです。

そのために良い法則があります。なぜ人は「バイアスをかけてしまうのか」は「メラビアンの法則」で示されています。

「メラビアンの法則」とは、カリフォルニア大学ロサンゼルス校の心理学者であるアルバート・メラビアンが1971年に提唱しました。

図4

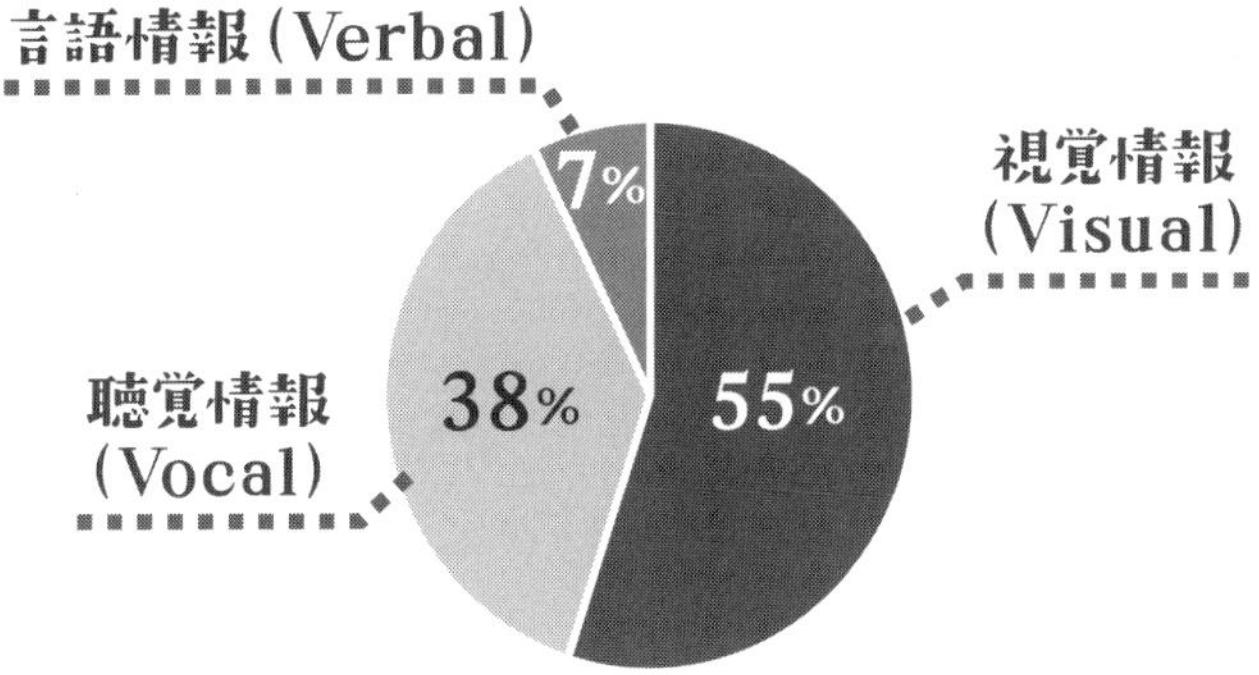

出典：パーソルウェブサイト「メラビアンの法則とは｜意味や具体例・ビジネスでの活用方法」（URL：https://www.persol-group.co.jp/service/business/article/395/）

言葉に対して感情や態度が矛盾していた際、人はそれをどう受け止めるのかについて実験をした結果、メラビアンが導き出したのが「7－38－55のルール」とも呼ばれる「3Vの法則」です（**図4**）。

表情や視線など、見た目や仕草による「視覚情報（Visual）」が人に与える影響度は55％、声の大きさや話すスピードなどの「聴覚情報（Vocal）」は38％、会話そのものの内容である「言語情報（Verbal）」は7％になるというものです。

例えば、SNSなどで「サッカーが好きだ」と書かれていても、それを書いた人がつまらなそうにサッカーの試合を観ていたら「この人は本当はサッカーが嫌いなのではないか?」と思われてしまう確率が高いということです。

ここで伝えたいのは視覚から影響を受けるのだから、「見た目を整えよう」などということではありません。

大事なのは、我々は視覚から得られる情報にかなり影響を受けてしまうということです。

面接でうまく話せない求職者の様子を見て、「コミュニケーション能力なし」と判断してしまうことも多いと思いますが、そうではなく、「今日は調子が悪いのかも」「ほかの質問事項にはうまく答えられるかも」など、自分の視覚情報からの判断を優先させないようにする努力が必要です。

ニュートラル思考を鍛えるためにも、「メラビアンの法則」を押さえておくとよいでしょう。

第2章 人を見抜く

CHAPTER 2

人をシンプルに見抜く
―満たされているか、信頼できるか―

社員の採用や人員配置の際には「この人は本当に我が社に向いているのか」「この業務は本人の資質に合っているのか」をしっかりと見抜く必要があります。

そのためには、自分がニュートラルな視点を持ったうえで、相手がなぜそのようなことを言うのか、そのような行動を取るのか、「相手の立場になって」考えることが必要です。この「相手の立場になって」というのは、必ずしも「相手を思いやる」ということではありません。

相手の発言や行動の背景に何があるのかを探るために、その人の育った時代背景や現在置かれている状況を、主観を交えることなく、客観的に理解するということです。

そのためには、相手の価値観に惑わされず、感情に流されることなく、冷静に相手を見つめ続けることが必要です。

図5

心が満ち足りておらず、不足の程度によって受け止め方に差がでる人

- 起こる出来事に不満を感じている
- 幸せになるためには周囲の環境が良くないとだめだと考えている
- 柔軟性がない
- ちょっとしたことで動揺してしまう

心が溢れるほど満ち足りている人

- 今を幸せに感じている
- 今の出来事を楽しんでいる
- 幸せは自分の心の持ちようだと考えている
- 柔軟性がある
- どんな状況に置かれても平常心でいることができる

人を見るポイントの第一は、相手の心の状態、あり方！

本項目では、そのための具体的な方法を2つご紹介していきます。

1つ目に確認することは、この人は心が満ち足りている人なのか、心が満ち足りていない人なのかを見極めることです。

心が満ち足りている人は自己肯定感が高く、心が満ち足りていない人は自己肯定感が低いといえます（**図5**）。

心が満ち足りている人は次のような特徴を持っています。

- 今を幸せに感じている
- 今の出来事を楽しんでいる
- 幸せは自分の心の持ちようだと考えている
- 柔軟性がある
- どんな状況に置かれても平常心でいることができる

一方、心が満ち足りていない人は次のような特徴を持っています。

- 起こる出来事に不満を感じている
- 幸せになるためには周囲の環境が良くないとだめだと考えている
- 柔軟性がない
- ちょっとしたことで動揺してしまう

相手の心が満ち足りているかどうかを確認するには、次の質問を投げかけてみるとよいでしょう。

「あなたは、今、どんな気持ちで面接に臨まれているでしょうか?」
「あなたは、今の状況についてどのようにお考えでしょうか?」

ここで、現在所属している会社の人間関係の不満や職場の環境の不満などについて話す人は、心が満ち足りていない人です。特に険のある言い方をする場合はその代表格です。
会話のやり取りの中で、ちょっとしたことで動揺したり、イライラが伝わってきたりします。

逆に声に張りがあり、明るい響きのある声音でイキイキと会話をしている人は満ち足りている人です。


会社に必要な人は、「心が満ち足りている人」です。

心が満ち足りている人は建設的な取り組みができ、その人がいることで組織風土も柔らかく温かい空気に包まれた状態になります。反対に、心が満ち足りていない人がいる場合は、ハラスメントが生まれ、張り詰めた空気の組織風土になる傾向があります。


2つ目にすることは、相手の人格（人柄）を知ることです。

その際重要なことは、信頼できる人物かどうかを知るということです。

どんなに素晴らしいことを語っていたとしても、素の自分を取り繕っているとしたら、職場でミスマッチが起こりやすく、求職者と会社は、お互いに不幸になってしまいかねません。

例えば、退職理由で「先輩との人間関係に嫌気がさして会社を辞めた」ということを隠して、「自己の成長を求めて会社を辞めた」と退職理由を取り繕っている人がいたとします。

面接官は、「向上心があり、頼もしい人材」と感じて採用したとします。

そのため、多少厳しい職場でも大丈夫だろうと考え、配属先として押しの強い上司のもとに配属された場合、力を発揮することが難しいことは想像に難くないでしょう。

「人間関係が原因で辞めたこと」をはじめとする「本当の退職理由」を知るうえで重要なのは、辞めた経緯を詳しく聞くことです。具体的に私がどういった質問をするか、次ページに詳しくご説明しますので、参考にしてみてください。

CHAPTER.2

①過去の転職時にキャリアの空白期間がある場合

「○○さんは自分の成長のために退職をされたのですね。それではなぜ、○○社の在職中に転職先を決めてから退職する、という手順を取られなかったのでしょうか？　キャリアが空いてしまうと、成長が一時的に停滞してしまうように思いますが、いかがでしょうか？」

②転職理由に矛盾を感じる場合

「○○さんは成長をキャリアの軸に据えていらっしゃるようですが、○○社から○○社に移られた際の就業環境はいかがでしたか？」

①の場合であれば、応募者の返答を聞いて納得のいくものであるかどうか判断しましょ

う。

②の場合は、転職先の評価基準、勤務形態などを聞いていくとどのような会社であったのか、見えてくると思います。

①でも②でも建前の退職理由を語っている場合は、具体的に問いかけていくと「言葉が詰まる」ことが多いです。

ただし、重要なのはここから先です。建前の退職理由を隠し切れない場合、応募者が本音を話してくれることも多いのです。

例えば、「実は上司が厳しくて」などと応募者は話してくれます。その際、次のように応募者と対話していきましょう。

「そうなんですね。退職理由で一番大きいのは、上司との人間関係です。○○さんだけのことではないんですよ。もし、差し支えなければどんなことがあったかをお話しいただけないでしょうか？」

CHAPTER.2

その結果、自社に入社したら活躍するであろうことがわかれば、次のようにフォローすると、よいでしょう。


「○○さんの言動から感じたことなのですが、とてもコミュニケーション能力に長けている方とお見受けしました。○○さんをもってしても、上司の方とのコミュニケーションが難しかったのですね」

「弊社の評価制度は、○○さんのような実績を出される方を評価できる仕組みです」


このように応募者に敬意を払って話を聞く姿勢が、事実を引き出すポイントになります。

退職理由を聞く際、注意すべきは、面接官が、教育指導やアドバイス、説教などをしてしまうということです。

あくまでも、相手が語っていることを聞くだけでよいのです。

状況によっては「弊社にも同様の人がいるかもしれません。あなたはどうされますか？」と聞いて、相手の反応を注視しましょう。

パワハラなどで辞めたことがわかれば、会社としてパワハラ対策へどのように取り組んでいるかを伝え、何かあったら相談できるかを聞くことが必要になります。

このように、相手が語っていることに「嘘がないか」「誇張していないか」「裏表がないか」などを確認することが大事です。

話の内容よりも語られていることが事実なのかが重要であり、その事実をどのように伝えているか、その姿勢を見ることにより信頼できる人物かを見極めるのです。

面接官には、嘘を見抜く眼が必要ですが、会話の流れで、それが見えてくるものです。

本当のことを話していない求職者は用意した言葉に深みがなく、抽象的な言葉になりがちなので、「自分を成長させるため」と言われたら、先述のように質問するか、もしくは次のように質問をするとよいでしょう。

「今の会社でも成長できないのでしょうか？」
「具体的にどんなところを成長させたいのでしょうか？」

「具体的に成長したいことが述べられていない」または「一貫性がない場当たり的な答えが返ってきた」場合は、要注意です。

仕事の領域、仕事の質、仕事の技術（スキル）など「具体的にどこを成長させたいか」が明確な場合は、具体的に話してもらえることが多いのです。そして言葉に力がこもるものです。しかし、本当の理由が人間関係などの場合は、抽象的なものになりがちです。

また、一貫性がない場合で多いのはキャリアにまつわることです。

以前、前職でリーダー業務を行っていた方に「どこを成長させたいですか？」とヒアリングしたことがあります。そうすると、「リーダー業務は間接業務が多く、成長を感じられませんでした。業務に集中できるオペレーター業務の力量を上げ、成長したいです」と返答がありました。

私はその時、「オペレーター業務を行っていけば、いずれリーダー業務も行ってもらうことになりますが、いかがでしょうか?」とお伝えしたところ、「それについても頑張ります」と返答されました。

リーダー業務では成長が感じられなかったから、オペレーター業務を希望したはずなのに、これでは一貫性がありません。

こういった回答には注意が必要です。

ただ、なぜ求職者が嘘を言おうとしているのか、そこを考えることも重要でしょう。

多くの場合は、「自分を良く見せたい」と考えて嘘をつくことが多いのです。

実際よく面接対策本や転職関係のウェブ記事をみると、「会社の雇用環境が劣悪なケース」「人間関係が良くないケース」「上司のパワハラに悩んでいたケース」であっても、そうは書かず、ポジティブな転職理由を書くよう推奨しています。

私がそういった時によくする質問としては「○○さん、本当のところ、職場環境や人間関係に、問題はありませんでしたか?」と本音を言いやすくする問いです。

こういう質問をすると、求職者も話しやすくなります。そして、本音を話してくれた求職者には「それは大変でしたね」と共感することも忘れないでください。心を開いて自己開示しているのですから、真摯に対応しましょう。

「実は先輩に日々パワハラを受けて、嫌になり辞めました」と正直に答えた求職者には「会社に相談されましたか？」と会社の対応と相手の行動の両方を確認することにより、相手の人柄が正確に見えてくるのです。

見抜きポイント

面接の際に見るべきは、求職者が満たされている人か、そして信頼できる人か。本音を引き出し、聴くことに徹しよう

真面目さだけで判断してはいけない

第1章のコラムでご紹介した「メラビアンの法則」にもあるように、我々は視覚から入ってくる情報にかなり影響を受けます。特に日本人の価値観の中で重要視されている「真面目さ」が求職者の外見からにじみ出ている場合、採用担当者としては「この求職者を採用したい」と考え、答えやすいよう職歴書に書かれていることだけを質問しがちです。

真面目さは採用のシーンにおいて、確かに大切です。しかし、それに引きずられ、求職者の人格を深掘りする質問をしないと、自社にマッチした人材なのかどうかわからずじまいになって本末転倒になります。

私は、外見や雰囲気による印象は脇に置きます。特に我々の世代（昭和世代）が大切にしていた価値観ほど脇に置きます。

そして、履歴書にない質問をすることで、コミュニケーション能力はどうか、柔軟に対応できるかなどを確認していきます。

例えば、

「○○業界の最近の気になるニュースはなんですか？」

「今日ここまでどうやってきましたか？」

「ご自分の短所はなんですか？」


などの質問をします。

その時に会話のキャッチボールができるかどうかが大切なのです。

わりと最近多いのが、履歴書や職務経歴書にない質問をした際に、答えを用意していなかったのか、しどろもどろになってしまったり、黙り込んでしまったりするケースです。

むろん、だからといってコミュニケーション能力がない、柔軟性がないと即断はできませんが、求職者の新たな一面を見ることができるので、心がけて変化球の質問をするようにしているのです。

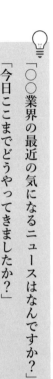

ただし、やってはいけないことがあります。

それは、昔に比べて減りましたが、質問に答えられない求職者に向かって、

「このくらいは準備しておいたほうがいいですよ」

「この程度の質問が答えられないのはまずいよ」

などと、面接官が感情的になって指摘することです。

求職者は緊張していたかもしれませんし、採用の選考を受け始めたばかりの時期で慣れておらず、頭が真っ白になってしまったのかもしれません。

いろいろなケースを考慮して、求職者に対応するのが、大人である面接担当官がすることです。

見抜きポイント

視覚から入る情報に大きく影響を受けることを認識する。特に真面目さは多くの日本人が大切にしている価値観だからこそ要注意

忍耐強さは安易に判断してはいけない

最近だと、「忍耐強さ」という評価基準は、ブラックな職場環境を連想させるため、採用現場で使われることは減りました。

現代の採用シーンでは、「ストレス耐性の強さ」などと置き換えられています。

メンタルヘルスの不調を訴えるケースが近年増えてきましたが、少子高齢化による人材不足もあいまって、近年はストレス耐性の強さがある求職者を重視する傾向が高まっています。

当然、採用担当者もストレス耐性のある求職者をとりたいと考えています。

そういった場合によくあるのが、求職者の経歴を見て、「短期間で転職を繰り返している」「入社して半年以内に辞めた会社が6社もある」などと考え、書類選考で落としてしまったり、面接の時にネガティブなイメージで接したりすることです。

そういった気持ちもわからなくはないですが、そもそもなぜその求職者が短期で転職を繰り返したのか？　ヒアリングをするべきではないでしょうか。

資格試験の勉強を行いながらだったため、一社に長く勤めることを考えていなかったとか、たまたま労働環境の悪い会社に複数回入社してしまい、すぐに退職してしまったなどの理由があるかもしれません。


一社一社なぜ辞めたのか聞いていく。何度か書きましたが、上から目線、批判的な言い方は言語道断です。


「この会社はなぜ辞めたのですか？」

「正社員だったのですか？　そうではないのですか？」

「正社員登用があったのですか、なかったのですか？」

「この資格をとるために勉強をしていたのですか？」

「軸を成長に置いていらっしゃいますが、キャリアに空白があるのはなぜですか？」

CHAPTER.2

などと淡々と、事実を聞いていきましょう。

余談ですが、「労働基準関係法令違反に係る公表事案（令和5年9月1日〜令和6年8月31日公表分）」（厚生労働省　URL: https://www.mhlw.go.jp/content/001150620.pdf）によりますと、労働基準関係法令違反に係る公表事案は全国で370件ほどありました。

ここに掲載されているのは、法令違反の働かせ方をしたものがほとんどです。三六協定の不履行であったり、危険な作業を行わせたりなどが多いです。

またパワハラに関しては、パーソルキャリア株式会社の調査（「JOB総研による『2023年 ハラスメント実態調査』を実施」URL: https://prtimes.jp/main/html/rd/p/000000147.000013597.html）によれば、ハラスメントを感じた経験あり（約半数該当）の人の中で、パワハラを受けたと感じた人は全体の81％でした。

悪い職場環境の会社はこのようにまだまだ日本では多く、こういった会社に複数回連続で就職してしまうことはよくあるケースだと私は思います。

こう考えると、ストレス耐性の強さ、ここではすなわち忍耐力ですが、そういった力があるかどうかは安易に決められるものではありませんね。そして、忍耐強さは企業にとって非常に重要です。

社員にプロジェクトを簡単に投げ出されたり、採用した社員が「合わない」と判断してすぐに辞めてしまったりしては、企業の底力がいつまでたってもつきません。

そうであるなら、「忍耐力のある・なし」に関しては安易に決めることはせず、求職者のあらゆる情報から判断したり、受け答えの誠実さを見たりするべきですし、一人だけではなく、さまざまな人が見て判断したりするべきです。

見抜きポイント

ストレス耐性があるかどうかを見極めるのは簡単ではない。だからこそ、採用活動をしっかり行うべきであり、職務経歴などで安易に判断するべきではない

「成功の本質」は再現性にあり

年末が近くなると話題になるノーベル賞。最近では、ノーベル物理学賞、化学賞などの分野を中心に、日本人の受賞者も増えてきました。

ノーベル賞に限らず、科学の分野で評価されるためには、発明、発見問わず、再現性のあることが大前提です。

ある科学者が「これは世紀の大発見だ！」と一人で盛り上がっても、同じ条件、手順のもとで同じことが再現できなければ、その発見、発明には何の価値もありません。

突然何の話かと思われるかもしれませんが、面接で求職者が話す「実績」も同様に、科学の新発見、発明と通じるものがあるのです。

それは、その実績が汎用的かつ再現性があるものなのか、あるいは一過性のものなのか、見極める必要があるということです。

例えば、営業パーソンを中途採用した場合、
「前職で華々しい成果を上げていたので入社してもらったけど、ウチに来てからはぱっとしないな。前職の実績を調べてみたら、しっかり実績を上げていたし。いったいどういうことなんだろうか?」

こんな経験をしたことはありませんか?

もちろん、前職の実績を誤魔化しているわけではありません。

そうではなく、前職では、編み出した営業手法がフィットして実績をつくることができたものの、新しい職場ではその手法が通用していないということでしょう。

もしくは人から聞いた話を試してみたところ、成功したという可能性もあります。

念のため申し添えておきますが、私は、そのような施策によってつくった実績を否定しているわけではありません。当然評価されるべきです。

問題なのは、施策の背後にある「成功する営業の本質」を探ろうとすることなく、安易に転用できるものと考えてしまうことです。

CHAPTER.2

営業の基本とは、商品のセールスをしながら同時に自分のこともお客様に知ってもらい、まずは信頼関係を構築するところから始まるものです。

そして、自分の営業基盤をつくり上げ、少しずつ売上を伸ばし、やがてはナンバーワンになるというのが、王道でしょう。

その過程で編み出した施策や教えてもらった施策を実践することで、一時的に売上を伸ばすことができるかもしれません。しかしそれだけでは、どこの会社でも成功するわけではありません。

やはり営業の基礎ができていなければ、その成功には再現性がないのです。いわゆる「つぶしがきかない」という状況です。

では、王道を行き、再現性のある実績を出せる営業パーソンと、そうではない、いわば一過性の実績を出す営業パーソンの違いはどこでわかるかというと、話の内容です。

確実に実績を上げている人は、具体的なエピソードをいくらでも語ることができます。

そして成功するまでの過程の質問に対しても、説得力のある受け答えができるのです。要は、汎用性のある基礎ができているので、さまざまな場面でそれを応用できるということです。

一方、付け焼刃的な実績しかない営業パーソンは、特定の施策の概要については当然話ができると思いますが、なぜそれが成功したのか、どのような工夫をしたのか、成功のコツは何かなど込み入った質問をしたり、あるいは、それを別業界で応用したりする場合にはどうしたらよいかという質問になったら、おそらく答えられないか、「御社の商品は非常に価値があるものなので、多くのお客様に受け入れられると思います」などと抽象的なことを話してお茶を濁すしかできないでしょう。

なぜなら、実績をつくることができた根本的な理由がわかっていないからです。これでは転職先で、かつてと同様の実績を挙げるのは難しいでしょう。

もちろんこれは営業パーソンに限ったことではありません。広告宣伝、事務、製造など、すべての部署で共通していえることです。

転職先でも実績を出せる人の話には、汎用性がありかつ具体的です。
このことをぜひ覚えておいてください。

見抜きポイント

転職志望者が職場で通用するかは、「ノウハウに汎用性があるか」「具体的か」「深掘りした質問に動じないか」などの点から見抜くことができる

40代以降で初転職という求職者には注意

総務省が実施した「労働力調査（詳細集計）２０２３年（令和５年）平均結果」によると、転職者の数が最も多いのは25歳から34歳です。

たしかに、もっと能力を発揮できる環境を探したり、考えたり、新しいチャレンジをしたりしてみたいと思ったりするのは、この年代が多いだろうということは理解できます。

この年代を超えたら、迷いを断ち切り、自分が選んだキャリアに磨きをかけ、いわゆる「脂の乗った状態」に自分を持っていくべきと考える人が増えてくることが考えられます。

実際、40代を超えると転職者の数はぐっと減ります。

採用する企業側も、入社後の職階や定年までの在籍年数を考えると、この年代では採用しづらいという事情もあるのでしょう。

しかし、40代を超え、中には50代になって中途採用に応募してくる方も、実は少なくありません。

そのような方々のほとんどは、キャリアアップの意欲が非常に強かったり、あるいは会社の待遇に不満があったりするなどして何回かの転職を経験しています。

しかしまれに、この年代になって「初めての転職をしよう」という方がいます。

143ページで、転職回数の多い人に先入観を抱いてはいけないということをお話しします。

そこでは「こらえ性がない人」「何をしても長続きしない人」という評価がつきまといがちですが、必ずしもそんなことはなく、人柄をよく見るべきということもお伝えします。

では、40代を過ぎて初めての転職をする人は、それまで一つの会社でずっと働いていたわけですから「こらえ性がある」「長続きする」と評価してよいものでしょうか?

残念ながら、答えは、NOです。

何か新しいことにチャレンジしたい、もっと給料の良い会社に行きたいという、ある意味ポジティブな理由で転職を考えるのであれば、もっと早い時期に転職経験があるはずです。

この年代になって初めて転職する人については、本当は今の会社を辞めたくないけれど、辞めざるをえなくなったという、ネガティブな要因がある可能性も考えたほうがよいでしょう。

重要なのは、なぜこのタイミングで転職しようとしているのか、その理由をしっかりと確認することです。

能力的に問題があり、部署をたらい回しにされながら、会社にしがみついてきたものの、ついに人員整理の対象になってしまったとか、社内トラブルに巻き込まれ（あるいは自分が引き起こし）、その責任を取るために退職せざるを得なかった……など理由はいくつも考えられますが、いずれにせよ、能力的、人間的に疑問符が付く場合が少なくないのです。「前の会社に長くいたから真面目でいい人＝入社したら結果を出す」と思ったら、大きな間違いです。

ここで、私の体験をお話ししましょう。

前職でデザイナーとして働いていた50代の人が、事務職の募集に応募してきました。デザイナーとしてのキャリアが長く、しかもこの年齢になるまで働いていた会社をなぜ辞めてしまうのか、疑問だったので聞いてみたところ、家庭の事情で引っ越すことになり、新しい土地で仕事を探すことにしたというのです。

そうであれば、同じ職種で探せばよいのでは？　と伝えたのですが、そのような求人は地方ではなかなか見つからないということで、「同じデスクワークである事務職に応募した」ということでした。

CHAPTER.2

またこの人は非常に人柄も良く、当人が「前の会社では一人何役もこなしており、事務仕事もできるため問題ない」とアピールしてきました。

その受け答えに、正直なところ私は釈然としないものを感じていました。デザイナーという特殊な技能が必要となる仕事をしている人が、簡単にその職を手放すことが腑に落ちなかったのです。

しかしこちらも急ぎで事務の社員を探していたので、ひとまず様子を見てみようという上司の一声もあり、入社してもらいました。そして実際に事務部門に配属して働いてもらったところ、こう言っては失礼ですが、まったく使い物になりませんでした。

事務の経験があるといっても、デザインの仕事の合間にやるものと、本格的に取り組むのとではわけが違います。

後になってわかったのですが、引っ越しのためにこちらで職探しをしていたものの、実際には以前の会社でデザイナーとしての仕事ぶりが通用しなくなったため、退職に追い込まれたそうなのです。それで事務職に応募してきたというわけです。

この理由を聞いて、私はさもありなんという思いでした。

いま振り返れば、その人の話にはいろいろな疑問点があったのですが、面接に立ち会っていた皆が、一つの会社で長く働いていたという実績、落ち着いた立ち居振る舞いに惑わされてしまったのでしょう。

また、面接担当者に事務経験者がいなかったというのも良くなかったと思います。

もちろん40代以降で初めて転職をする人を雇うと必ずこのようなことになるとは、言いません。

しかし、ベテランといっていい年齢になって初めての転職をしようという相手には、十分な注意が必要だと私は思います。

見抜きポイント

年齢で偏見を持つべきではないが、中高年になって初めて転職するという相手には、注意深く転職理由を聞くべき

こういう人は部下を育てられない

近頃、管理職と部下の間で発生する問題の中で、主要なものがパワハラでしょう。

このご時世、パワハラをやめない管理職は、閑職に追いやられ、部下も持たされず、自然と退職するように仕向けられると思います。

明らかに社内にネガティブな影響を与える社員を重用する理由は、ほとんどないからです。

このように、誰が見ても社内の雰囲気を悪くするような人物はわかりやすいのですが、一方、部下の面倒見が良く、率先して仕事をしているような上司が、実は会社の成長にネガティブな影響を与えていることもあるのです。本来は部下に任せるべき仕事を「大変だろうから、やっておくね」などと言って引き受け、自分で片付けてしまうような上司です。

このような人物は、管理職に必要な「部下を信じる力」と「忍耐力」に欠けていると言わざるを得ません。

なぜそのようなことをするのかといえば、1つ目に、部下のことを信用していないからです。「仕事を任せておいて大丈夫なのだろうか？」と疑心暗鬼になってしまうのです。

２つ目は、部下が仕事を仕上げるまでの時間を待つことができない「忍耐力」の欠如、というものです。

もちろん、経験のある本人がやったほうがはるかに早いし、正確でしょう。

しかし我慢できないからといって部下に仕事をさせないというのは、明らかに管理職失格です。

本来であれば、管理職は部下に仕事をさせ、覚えてもらい、組織全体の底上げを図っていかなければいけません。それができなければ、部下はいつまでも仕事を覚えられず、組織全体のパフォーマンスは低下していくでしょう。

しかし、部下からは「難しい仕事を助けてくれる」と評判が良いため、自分でも良い上司だと思っていることが多いのです。管理職の採用にあたって、このような人物は要注意です。

あまり仕事をしたくない社員にとっては素晴らしい上司かもしれませんが、組織にとっては、良い上司とはいえません。

CHAPTER.2

そこで私は、管理職の採用にあたっては、次のような質問をします。

「今まで、チームで仕事をしてきて、部下に仕事を任せることもあったと思いますが、どのような任せ方をしていましたか？」

すると、先述したような上司は、このようなことを答えます。

「いやあ、なかなか託せる部下がいなかったので、基本的には全部やっていました」

このような人は、実際に優秀なのだと思います。

ただ、仕事ができるという能力と、部下を育てられるという能力は別物です。

そして管理職にとってより必要なのは、後者の能力です。

仕事ができそうな人を管理職として迎えようという場合には、その人が部下を育てられる人かどうか見極めることが大切です。

見抜きポイント

なんでも自分で率先して仕事をする管理職には要注意。部下は育たず、組織の成長を阻害する

コミュニケーション能力が低い人材をどう活かすか

私は本書で、ニュートラルな心を持つことの重要性を説き続けています。**それは、人の一生や企業経営を左右しかねない人材の採用を、個人の好き嫌いで判断するべきではないという思いからです。**

とはいっても、面接で、「これは問題だ」と感じる人がいないわけではありません。**どんなにニュートラルな心で相手を見ても、ポジティブな評価が難しい場合もあるのです。**

具体的には、**コミュニケーション能力の低い求職者**などがその一例です。

詳細は124ページでお話ししていますが、コロナ禍でリアルなコミュニケーションが厳しく制限されていた学生などは、他人とのコミュニケーションが苦手なようです。「そういうものなのだ」と理解はしても、では「実際に採用するか」と言われれば、躊躇するケースが多いのではないでしょうか。

コミュニケーション能力が劣る社員が入社すると、その人を起因としたトラブルが発生しかねません。

伝達事項がうまく伝わらなかったり、現場での教育もスムーズに進まなかったり、通常であれば起こらないことが発生し、他の社員が、自分とは関係のないことでフラストレーションをためることになってしまうのです。

そのことを思うと、あえてそのような社員を採用する必要はないと判断されても仕方ないでしょう。

しかし、その求職者が、**コミュニケーション能力は劣るものの、適性検査の結果、緻密な作業にはずば抜けた才能があることがわかったとしたらどうでしょうか**。

もし、そのような能力が求められる業務があれば、判断に迷うかもしれません。

本人の資質と会社のベクトルが一致しているのですから、基本的には採用の方向で検討したいところです。しかし、ここで大切なことが、コミュニケーション能力が劣る人物が入社しても業務を回せる環境や仕組みを整えられるかということです。

このような場合「入社して仕事をすれば成長し、変わるだろう」という見通しの甘さで採用してしまうと、社内に無用のあつれきが生じ、結果的に当該の社員はつぶれ、退社を余儀なくされるということになりがちなのです。

まれに「ほかの反対を押し切って入社させた人が素晴らしい仕事をしてくれた」というケースがあります。

そういったうまくいったケースには、周囲のサポートや気遣いがあります。

ですから、コミュニケーション能力の低い社員が加わっても、その社員が活躍できる環境を整えられれば抜群の能力を発揮してくれる可能性もあるということです。

社員が能力を活かすためには、それに適した環境が特に必要となるケースもあることを覚えておいてください。

見抜きポイント

ネガティブな評価をされがちな人材でも、特殊なスキルがあれば活かせるケースがある。そのためには環境を整える必要がある

ハロー効果に惑わされない

初対面の人のことを、学歴で判断する人が少なくありません。

「あの人は東大出身だから、きっと仕事もできるんだろうね」

「この人は高校中退か。何か問題を起こしたのかな？」

などという具合です。

言うまでもなく、これは「思い込み」以外のなにものでもありません。

確率的には、東大出身の人が優秀である可能性は高いかもしれませんが、仕事をするうえで東大を出た人全員が優秀なのかといえば、そんなことはありません。勉強はできるものの、仕事のスキルがない人もいます。

それでも「東大卒」の肩書がつくと、「仕事ができる人」というイメージをまとうことになってしまうのです。

このようなことは、面接の現場でも頻繁に起こります。

東京に本社のある大手企業であれば東大卒は珍しくもないと思いますが、地方の中小企業の場合、履歴書に「東京大学卒業」と書いてある人が採用試験を受けたら、騒ぎになります。

「なぜ東大を出た人がウチのような会社を受けたんだ?」「前の会社で何かあったのだろうか?」などといろいろな噂が飛び交い、事前評価は「東大卒なんだからきっと仕事ができるはず。我が社のヒーローになってくれる」というものになることは、想像に難くないでしょう。

反対に、高校中退の人が採用試験を受けに来た場合には、「何かウチでできそうなことがあれば雇ってみるかなあ……」などと、ネガティブな評価になりがちです。

もしかしたら、高校時代は非常に真面目で優秀な生徒であったにもかかわらず、止むを得ない家庭の事情で中退せざるを得ず、それ以降も一生懸命に仕事をしている場合もあるはずですが、そのようなことには思いがいたらないのです。

CHAPTER.2

図6

ポジティブ・ハロー効果
ネガティブ・ハロー効果
「東大卒だから
仕事ができるだろう」
「高校中退だから
仕事ができないだろう」

このように、一部の特徴をもって全体的な評価をしてしまうことを**「ハロー効果」と呼びます。**「ハロー」とは、「後光が差す」という場合の後光のことです。

つまり、後光が眩しすぎて、全体の判断を誤ってしまうということです。

そしてこのハロー効果には、ポジティブなハロー効果とネガティブなハロー効果があります。「東大卒だから仕事ができる」というのはポジティブなハロー効果、「高校中退だから仕事ができない」というのが、ネガティブなハロー効果です（**図6**）。

東大卒の場合を例にすると、東大卒だ

からきっと勉強はできるのでしょうが、だからといって、先にも述べたように、仕事ができるとは限りません。

つまり「東大卒」という一つの「特徴」が、ハロー効果により、その人物を押し上げてしまう可能性があるのです。

ハロー効果に惑わされず、相手の能力や適性を見抜くためには、やはり自分の思い込みをいったん脇に置くことです。

そして、その「すごい」と思われる特徴を獲得するために、どんなことをしてきたのか、また、今まで実際にどのような仕事をしてきたのかということを具体的に聞き出してください。

例えば東大卒という特徴があるのであれば、東大に入るためにどんな努力をしてきたのか、東大を出て今までどのような会社で仕事をして成果を上げてきたのかを、先入観なしに聞いてみるのです。

CHAPTER.2

話をする中で、特に具体性のある部分が、その人の本質といえます。

これは、ネガティブなハロー効果を排する時も同様です。
なぜ高校を中退することになったのか、その理由を偏見を持たずに確認し、その後どのような仕事をしてきたのか、仕事の際に大切にしているものは何かなど、人間性と能力がわかることを聞いていくことです。
一つの特徴に惑わされ全体を判断することがないよう、注意してください。

見抜きポイント

学歴などのポジティブないしネガティブな評価をしがちなものには、感情は脇において、冷静に相手を見るようにする

プロセスよりも結果で見抜く

「ＨＲ（Human Resources）テック」という言葉があるように、人事の分野でもテクノロジーの活用が進んでいます。

人材開発や適正配置、採用マッチングなどをテクノロジーで解決するツールが次々と開発されているので、皆さんの会社の中でも導入を検討しているのではないでしょうか。

このようにＩＴ化が進む人事の領域にあって、テクノロジーで対応するのが難しいことの一つが人事評価ではないかと思います。事実、的確な人事評価ができるデジタルツールには、出合ったことがありません。

さらに言えば、デジタル化以前に人間がする人事評価にもさまざまな手法があり「これ！」といった決定的なものがありません。

そもそもいろいろな考えや感情を持った人間がほかの人間を評価するのですから、一筋縄でいかないのは当然です。

一時期もてはやされたのが、いわゆる「成果主義」です。これは比較的わかりやすい評価方法だと思います。

目標が達成できていれば、その点を評価すればよく、公平な評価ができます。

しかし問題点は、目標を低めに設定したり、あるいは人事評価のタイミングに合わせるために短期的な目標が多くなったりすることです。中長期的な視点で見ると人材育成の点でも会社の成長という点でも、マイナス面が目立つようになってきました。

そこで導入されたのが「プロセス評価」です。

成果だけでなく、努力や成長も加味することで、長期的な目標も立てやすくなります。

また業務への取り組みも評価されることで、社員のモチベーションアップにもつながり、一躍脚光を浴びました。

今ではこの評価方法を導入している企業が多いのではないかと思います。

「頑張る社員をしっかり評価する」というイメージで、ポジティブに捉えられがちなプロセス評価ですが、私は、この風潮には賛同しかねます。プロセスを無視しろとは言いませんが、人事評価の基準は、やはりプロセスより結果であるべきです。

プロセス評価の設計方法は、実に複雑です。「プロセス」を定義するために、所属部門の目標や課題を明確にしたり、判断基準となる標準プロセスを設定したり、対象とする評価要素を決めたり……。実際にやってみると「そもそもこの会社は何のためにあるのか？」といった領域にまで足を踏み込んでいくようでもあり、一筋縄ではいきません（**図7**）。

少し話がそれてしまいましたが、なぜここまで手間がかかるのかといえば、プロセス評価にはどうしても評価する側の感情が与える影響も少なくないため、できるだけそれを排除して公平な評価を担保する必要があるからだと私は思います。

しかしそれでも、評価に際して人間的な要素を排除することは到底できないでしょう。

CHAPTER.2

図7

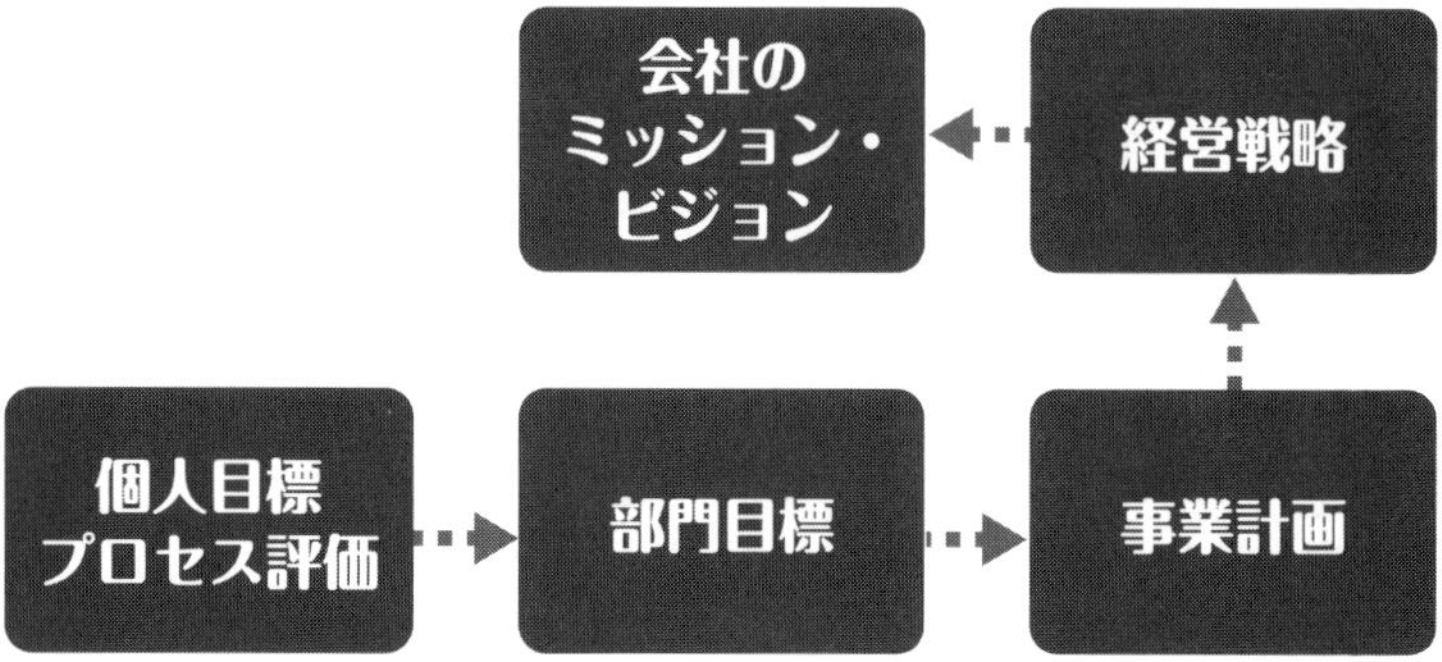

- 結果のようにクリアに見えないので、会社のミッションやビジョン、経営戦略と照らし合わせる必要が出てくるため、かえって複雑に。
- 結局複雑になるがゆえに、人間関係が評定に関係してしまうことも。

極端な言い方になってしまいますが、評価者に気に入られている社員は「彼はよく頑張っている」と思われれば評価が高くなり、優れた能力の持ち主でしっかりと成果を出していても、評価者に疎んじられているような社員の場合は、高い評価を得るのが難しくなるというケースもあります。

「そんなことはないだろう。自分の好き嫌いで部下の評価をしていたら、いずれ自分の評価にも影響が出るはずだ」

そう思う方もいるでしょうが、これは、私が人事担当者として、実際にいやというほど体験してきたことなのです。

「なぜこんなに成果を上げている社員の評価がこの程度なのか？」

そんな疑問を抱いて話を聞いてみると、評価者との関係が良くないことがわかったケースが多々あります。


もちろん、社員の側に問題があるというケースもありますが、多くの場合、言い方はきついですが「情実」と言っても差し支えないような評価がまかり通ってしまうのです。

これでは、優秀な社員が嫌気をさして退社してしまうことも考えられ、会社としては大きな損失です。


また少し厳しい言い方になってしまいますが、**会社とは利益を出すための存在です。そして社員は会社の利益を上げることが第一の目標です。そうであれば、しっかりと結果を出している社員こそ、高く評価されるべきです。**

もし、プロセス評価をするのであれば、結果を出すためのプロセスが適切なものであるかどうかをしっかり見なければなりません。

CHAPTER.2

不法行為やリスキーなことをやって結果を出していても、それは適切なプロセスではありません。

結果を重視してプロセスを見極める。

これがあるべき人事評価の姿と思うのですが、いかがでしょうか。

見抜きポイント

プロセスが重視される傾向にあるが、それに偏った評価は会社を危うくしかねない。結果を重視するべき

繰り返されるワードに着目して悩みを見抜く

仕事に役立つコミュニケーションの技術として「傾聴」が注目されています。とはいえ、現在の傾聴ブームには勘違いされている部分もあるように感じます。

人の話を否定せず、**ただ黙ってうなずきながら話を聞いているだけでは、傾聴になりません。**

もちろん、うなずくことは話を聞いていることを示す大切な行為ですが、それでは、ただ「話を聞いているだけ」です。

部下が一生懸命に話をしているのを聞いたものの、「聞いただけ」で終わらせてしまい何の状況も変わらないとしたら、部下にとって酷なことでしょう。自分が役職者や管理職であれば、**部下の悩みを「解決」することが必要です。**

部下に対して適切な改善案をアドバイスしたり、あるいは、業務量を軽減したり、与え

CHAPTER.2

ているテーマを変えたり、可能であれば配置転換をするという方法もあります。
話を聞きっぱなしにせずにきちんと行動に移すことが重要なのです。そしてその対策は、当然ながら的を射たものである必要があります。そのためには、相手が何に悩んでいるのかをしっかり理解しなくてはいけません。

それこそが「傾聴」であり、その際に気をつけるのが「**繰り返し出てくるワード**」と、「**感情にリアクションする**」ということです。

何度も使われる言葉は、相手が自分の中で消化できていない、解決するべき課題です。例えば、次のようなパターンです。

＊「部下」＝、「上司」＝

「**業務量**が多くて困っているんです」

「そんなに困るほど**業務量**が多いのか」

「一日10時間以上働いても終わらないくらいなんです」

「10時間でも終わらない！　それは多いな」

「こんなに**業務**があるのは、部内では自分だけです」

「1人だけそんなに業務があるのは、問題がある」

この話の中で部下が困っているのは、「業務量の多さ」です。これが解決するべき課題です。

では次に「感情にリアクションする」という点です。これは日常生活で実践している人はあまり見かけないのですが、次のような会話だと思ってください。

「業務量が多くて、仕事が**つらい**んです」

「仕事がつらいのか。**どんなふうにつらいの？**」

「終わらないかもと思うと、夜も眠れません」

「期限が気になって、夜眠れないんだね」

「特にこの一週間は、一日2~3時間くらいしか寝ていません。判断力も鈍っているような気もします」

「判断力も落ちているのか。それは問題だな」

「まわりに迷惑をかけていないかも**心配です**」

「たしかに、**それは心配になるだろうな**」

このように、相手の感情にリアクションすることで、本人の悩みを深掘りすることができます。

この場合であれば、本人は自分が「つらい」だけではなく、周囲のことも気遣っているためにより自分に負荷がかかっている状況（「心配」）なので、それらの点を解決する方法を決め、実行に移すことが重要だとわかります。

このように「繰り返されるワード」と「感情へのリアクション」に気をつけることで、相手の課題や自分が何をするべきかが見えてきます。

最後に、このように話を聞く時にやってしまいがちなことは「お説教」です。

何か相談を受けた際、その解決策を一緒に考えるのではなく、自分の気持ちや考えを伝えてしまうケースが多いのです。

例えばこんな具合です。

＊「部下」＝、「上司」＝

「実は今、転職しようかと思っていて……」

「転職？　なんで？」

「もっと自分が成長できる職場で働きたいんです」

「そうか……。でも転職するとなると、大変だぞ。そんなに簡単に希望の会社が見つかるかわからないし」

「……」

「そもそも、今の部署では成長できないということもないと思うけれど」

「……たしかにそれはそうですが」

「今は転職を考えるよりも、与えられた仕事を頑張ったほうが将来的にもいいだろう」

「……はい、そうかもしれませんね」

おそらく相談を受けた側は良かれと思ってやっているのでしょうが、これは相手の気持ちに沿って話を聞いているのではなく、自分が言いたいことを言っているだけです。

これでは、相手の気持ちがわからず、課題解決にはなっていません。

転職をしたい理由を聞き出して対応策を考えることで、思いとどまらせることもできるかもしれないのです。

具体的には、次のようなやりとりになります。

「実は今、転職しようかと思っていて……」

「転職？　なんで？」

「もっと自分が成長できる職場で働きたいんです」

「そうか、もっと成長したいと思っているのか。**それが今の部署ではできないのか？**」

「自分に任されているのは単なるルーチン業務で、これでは自分のスキルを伸ばせる気がしません」

「ルーチン業務ばかりでは、成長できないということか」

「そもそも、こんなことになっているのは、XX課長が○○さんに頼りすぎだからだと思うんです。もっと自分のことも信頼してほしいです」

「XX課長は、そんなに○○くんを信頼していて、君には相談してこないのか？」

「はい。この前も……」

このように、転職したいという理由が、実際には人間関係が原因だったということが見えてきます。

プロのカウンセラーのような技術がなくても、気をつければ「聴く力」は誰でも身につけることができます。

何か相談されたら、単に耳を傾けるだけでなく、できるだけ深掘りしていって相手の本当の悩みを見抜くことが大切です。

見抜きポイント

相談してきた相手は、表面的なことしか語っていない場合が多い。どこまで深掘りできるかが、課題解決のカギになる

相手が育った時代背景を考える

2023年5月に新型コロナウイルス感染症が5類に変更されて以来、経済は活気を取り戻し、社会生活もかつてのようになってきました。

そんななか、いまだにコロナ禍の影響が尾を引いている人たちがいます。

それは、**リアルなコミュニケーションをすることなく学生時代を過ごした人々です。**

最初の緊急事態宣言が発出された2020年4月以降、学校はオンライン授業を進めたり、さまざまな行事を中止にしたりして、生徒や学生同士の接触を避けてきました。中にはキャンパスに行くことなく、同級生と会うこともなく卒業した人もいるのではないでしょうか。

いくらオンラインで事足りる生活が送れるようになったとしても、若年層にとっては、友達と一緒に話をしたり、遊んだり、あるいはクラス全員で共同作業に取り組むといった

CHAPTER.2

経験を通じて、コミュニケーション能力を形成することは非常に重要なはずです。
しかし、コロナ禍にその機会を奪われてしまった学生たちが、今社会人になって同じ会社で働き始めるようになったのです。

私の会社にも、その世代の新入社員が入りました。
面接時には気がつかなかったのですが、実際に現場に配属してみたところ、コミュニケーション能力が明らかに不足していることがわかりました。

他人との臨機応変なコミュニケーションや、集団行動の経験があまりないためだろうと思いますが、現場でトラブルが起きた時にも報告をしないケースが散見されました。また、先輩や上司に挨拶をしないなど、日常生活の面でも、「大丈夫かな？」と感じることが目立つようになったのです。

そこで私が感じたのは「時代背景があってコミュニケーション能力が不足しているのだから、仕事を通して補っていくか、彼ら彼女らにあった仕事をつくるかのどちらかの対策を取るべきだ」ということです。

そのような配慮をしたうえでなお、会社のベクトルと合う社員でないということになれば、そこでまた考えればよいと思ったのです。

このような時代背景による個人のあり方の違いは、コロナ禍という限られた時間軸だけの話ではありません。

最近よく話題になるZ世代（1990年代半ばから2010年代序盤に生まれた世代）の価値観は、昭和世代のそれとは大きく違います。

どこがどう、と説明するのは難しいのですが、一つ特徴的なことが**「上からの押し付けは通用しない」**ということでしょうか。

ひと昔前なら通用した「いいからやれ！」ということに対して、かつての世代は納得できなくても、「上が言うから仕方ない」という「理解」をしていました。しかしZ世代には、その理解が及ばないということが普通にあります。

CHAPTER.2

これはどちらが良くて、どちらが悪いという問題ではありません。

適切な例えかどうかわかりませんが、スターバックスが好きな若者たちに「日本人なら緑茶を飲め！」と言っても何の意味もないというニュアンスに近いといえば、おわかりいただけるでしょうか。

そして昭和世代がZ世代を理解できないのと同様、Z世代も昭和世代を理解できないことが多いはずです。その意味で、Z世代から自分たちはどう見られているのかという視点も欠かすことはできません。

だからこそ、採用や社内での配置を考える際には**「世代が違うのだから価値観が違って当たり前。それを否定するのではなく、違いを認めたうえで、会社や部署のベクトルに合うのかを検討する」**ということが重要なのです。

相手が育った時代背景を考慮することは、人材を見抜くうえで欠かせないポイントです。

見抜きポイント

時代背景は、個々人に大きな影響を与えている。話が通じないことがあることを理解して、コミュニケーションを取ろう

相手の良さを引き出すには自慢話を聞くこと

私はこれまでに7000人以上を相手に、面接をしてきました。

この人数は、休日を除いてほぼ毎日、およそ20年にわたって最低1人の面接を行ってきた計算になります。

そのように、大勢の、そしていろいろなタイプの人を見てきた私ですが、常に心がけているのが、**相手が本来持っている長所を、いかに引き出すかということです。**

CHAPTER.2

面接の定番に「自分の長所を話してください」というものがありますが、実際にそのように聞かれて、自分の長所を上手に話せる人はいないと思います。

「分析能力が高い」とか「英語が得意である」など、明確に認識できるビジネススキルであれば上手に話すこともできると思いますが、いざ「あなたの長所を」と言われると困ってしまう方がほとんどではないでしょうか。

結果、面接をする側・される側ともに、長所についてはなんとなくわかったような、わからないような話で終わってしまいかねません。

そもそも、人の長所は一言二言話せばわかってしまうようなものではありません。日常生活をともにして、言葉にすることがなくても、その良さがにじみ出てくるようなものではないでしょうか。

そのにじみ出てきた部分をいかに言語化してすくい上げるかが、採用面接担当者の腕の見せ所ではないかとも思います。

では、私が実践している「相手の良さの引き出し方」をご紹介しましょう。

それは**「相手の自慢話を聞く」**ということです。

自慢話といっても、採用とは関係のない話ではありません。

その人がしっかりと言語化できていない能力や特技を、わかりやすく引き出していくのです。

そうすると、自然とその人の良さが出てくるのです。

例えば新卒の採用で、学校時代の思い出を話してもらう時に「野球で県大会に出場しました」という話があったとします。その時に、活躍した様子を聞いて「へえ、すごいですね」だけで終わらせるのではなく、次のように話しているうちに相手が気持ち良くなってきて、もっと話したくなるような質問を繰り返していくのです。


「そこでどんな役割を果たしていたんですか？」

「キャプテンだったんですか。それは大変でしたね」

「良い結果を出せたのはキャプテンの頑張りもあったと思いますが、どのような工夫をしていましたか？」

CHAPTER.2

こうした受け答えを繰り返していくうちに、その人の人となりや長所が見えてくるのです。

その時に注意するのが、**話に具体性があるか**ということです。

例えば「苦戦を強いられている場面でも、皆が前を向けるよう頑張りました」という話よりも、

「1発打たれたらサヨナラの場面で、監督に進言してタイムを取り、全員でピッチャーマウンドに行って『打たせれば、あとは自分たちでなんとかするから安心して投げろ』と言いました。その結果、プレッシャーから解放されたのか、三振で打ち取りました」

という話のほうが、具体性があって信用できます。

このように、**裏付けのある自慢話**を聞いていくことが肝心です。もう1つ注意するべき

ことは、採用者側の面接官の人選です。**話を聞いている時に、評論家的な意見を言ったり、マウントを取ったりするような人は面接官から外すべきということです。**

相手に対し説教を始めて、否定するようなことをいう人では、相手は安心して本当のことを話せません。

これでは、皆さんの苦労が水の泡です。

気分良くすらすらと、相手が自分の長所を披瀝《ひれき》できる環境を整えてください。

見抜きポイント

相手の長所を知るためには、上手におだてて、裏付けのある自慢話を聞くことも一つの方法

長続きする人を見抜く

バブル時代の都市伝説かもしれませんが、ある運送会社では、借金の多い人から優先的に採用していたという話を聞いたことがあります。

借金を返済しなければならないので、多少仕事がきつくても辞めないだろうというのがその理由です。

今では、コンプライアンス上とても通用する話とは思えませんが、なるほどな、とうなずける部分もあります。それは、入社希望に嘘偽りやブレがないということです。

採用試験での面接の際、「御社の事業を通じて社会貢献をしたい」「世界を牽引する最先端の技術に関わっていきたい」など、会社のミッションやビジョンと志望動機を結び付けて語る求職者はたくさんいます。もちろん、本気でそう考えている人もいるでしょう。

しかし、全員が全員、本当にそのような美しい志望動機なのかといえば、申し訳ありませんが私は懐疑的です。

誤解のないようにお伝えしておきますが「きれいごとがいけない」と言っているわけではありません。

日々の仕事は社会貢献につながるはずです。また、世界に通用する技術を持っている会社を志望するのであれば、そして特に技術者であれば、そうした技術に触れてみたいと思うのは当然だと思います。

そのような志望動機があるのは、「前提条件」なのではないかと思うのです。

そもそも、人が仕事をするのは何かしらの形で社会に関わっていきたいからであり、また会社の事業に何の興味もなければその会社に入社しようとすら考えないでしょう。

ただ、それが志望動機のすべてではないと思うのです。


人は生きていくために、当然、お金を稼がなければなりません。その意味で、冒頭に紹介した運送会社の場合は、採用基準が明確です。

「借金を返すために、仕事がきつくてもお金を稼ぎたい人を採用する」というのですから、ブレがありません。

CHAPTER.2

というのも、このような動機がない場合、本気で働いてもらえるかどうかがわからないからです。

その点で考えると、「給料が良いから働きたい」というのは1つありますが、それ以外にも「親の介護をしなくてはいけないので、自宅に近い職場を探している」「シングルマザーで子供の都合に左右されることが多いので、時間の融通がきく会社がいい」など、生活するうえで優先せざるを得ないことはいくらでもあると思います。

個人的な考えではありますが、それらの動機こそが**〝本当の動機〟**なのだと思います。わかりやすい言い方で表現するのであれば、「ホンネと建前」のうち、「ホンネ」の部分ということです。

それらが見えてくれば、採用する側としても安心できます。

逆の言い方をすれば、**切実な理由がない場合には、動機が不明確であり、社員として長く働いてもらうことは難しいかもしれないと考えていいかもしれません。**

ホンネに基づいた動機があれば、多少想定外のことがあったり、人間関係でつまずいたりしても、そう簡単には会社を辞めることはありません。

反対に、それがない人は、簡単に会社を移ることを考えるでしょう。我慢しなければならない要素は何もないのですから。

見抜きポイント

面接の際には、「社会貢献したい」「御社の先端技術に触れてみたい」などの志望動機を聞くだけではなく、ホンネを探ることが大切

CHAPTER.2

適性検査でウラ側を見抜く

本書のテーマは「ニュートラルな心で面接を実施して相手を見抜く」ということです。これは採用における大原則だと思っているのですが、ただ、どうしても面接や履歴書を見ただけでは本当のところまでわからないこともあります。

それが、**地頭の良さや能力的な適性**です。

どんなに本人の人柄が良くても、地頭が良くない、あるいは業務に必要な適性がなかったら、採用は難しいでしょう。

そのような、いわば求職者本人の裏側を見抜くのが適性検査です。

そこで私が実際に利用しているのが、厚生労働省編の「一般職業適性検査」と「内田クレペリン検査」です。

ここでは、私もよく利用している、後者の「内田クレペリン検査」について説明していきましょう。

実際にこの検査を受けたことがある方も多いと思いますが、検査の方法そのものはひたすら足し算を繰り返すだけという単純なものです。

ただしその分量は膨大です。

問題用紙には、1行あたり116個の数字がならんでいて、隣り合った数字の合計（2桁になる場合は下1桁の数字）をその間に書き込んでいきます。

1行あたり合計115個の答えを書き込むことになりますが、1分たったら、その行の最後まで解答できていなくても、必ず次の行に移らなければなりません。

これを5分間の休憩をはさみ、前半・後半各15分実施するのです。

30分程度とはいえ、高い集中力が必要なので、終了後は疲れ切っている人が多いですね。

この解答用紙を見てみると、解答が遅くて、冒頭の5問くらいしかできていない人、答えを記入してはいるものの、ほぼ間違いだらけの人、きちんと解答しているけれど計算ミスの多い人……など**人の「能力」と「性格」**がわかります。

例えば、どの行も半分程度もできていないような人の場合、能力が低いと言わざるをえません。

面接ではどんなに人柄が良く、また部下の面倒見がいいことをアピールしていたとしても、能力的に責任者や管理職を任せるのは難しいと判断できます。管理職としてしっかり仕事ができていたのかもしれませんが、残念ながら、いまとなってはポテンシャルが低下しているということが検査の結果わかってしまうのです。

この場合は能力面の評価ですが、次に性格面でいうと、前の行から次の行に移る間に1行飛ばしてしまっている人もいます。

このような人は、おそらく一生懸命に取り組んではいるのでしょうが、本来の性格がそそっかしいために、このようなミスをするのだと判断します。

この場合、採用会社がメーカーだとすると、業務内容に安全性や正確性が求められるものなので、採用は難しいといえます。

また、解答量が多いもののほぼ間違いだらけという人もいます。

このような人は誠実さに欠けているということで、どんなに面接が高評価であっても採用されることはないでしょう。

もう1つ内田クレペリン検査で評価の対象になるのが、解答量です。最後の解答箇所を1行目から最後の行までつなぐと曲線になりますが、この曲線の形で、新しいことへの適応力、感情の安定度、行動力など、個人の性格や特徴がわかるのです。またこの曲線には典型的な形があるので、その形からのブレを見ることで、精神的な傾向を知ることもできます。

このようなことは、残念ながら面接で見抜くことはなかなかできません。採用にあたって適性検査を導入していない企業の方は、ぜひ試してみることをおすすめします。

見抜きポイント

面接だけでは、相手の能力や適性を見抜くのは難しい。適性検査を実施することで、それらを可視化することが可能になる

「転職回数が多い＝問題人物」という思い込みを捨てる

2022年の株式会社リクルートの調査によれば、30代の半数以上が転職を経験しており、3割の人は2回以上の転職を経験しているそうです。

終身雇用の考えは時代遅れ……とまでは言いませんが、生涯を1つの会社で過ごすという考え方はやはり希薄になってきているように感じます。

とはいうものの、転職回数が10回以上。そんな求職者が来たら、皆さんだったらどうするでしょうか？

何度も転職を繰り返しているというだけで、面接官も「こらえ性がない」「職場のトラブルメーカーなのでは？」など、ネガティブな印象を抱いたまま面接に臨むため、その態度も、ほかの求職者に対するものとは違います。

「この人はダメな人だ」と考えているので、当然、面接現場の雰囲気も良くありません。

相手がどんなに良い回答をしても、「本当にそんなことができるのか」「やる気があったら、自分で会社を変えようとしているだろう。要は、やる気がないだけじゃないか」など、否定的なイメージでとらえたりしがちです。

また、転職回数が多いからダメな人物だという思い込みで「そんな態度では、どんな会社でも長続きしませんよ」「上司や部下の立場になってものを考えてみたらどうですか？」などのような説教を始めてしまう人もいますが、最悪です。

せいぜい面接官の溜飲を下げる効果があるくらいで、本来の採用活動という観点では何の役にも立ちません。

転職を重ねてきたことには、理由があるはずです。そしてその理由は、必ずしもネガティブなものばかりではありません。例えばＩＴ系の仕事であれば、自分のスキル向上のために転職をすることは珍しくありません。

ＩＴ系でなくても、最近の若者は成長を重視し、より難度の高い仕事や会社に移っていくケースが増えています。このような人材を「転職回数が多いからダメだ」とバッサリ切ってしまうのは間違っているということは、おわかりいただけるのではないでしょうか。

だからといって、逆に「この人は何度も転職しているから、スキルが高いはずだ」と、根拠もなくポジティブに捉えることも間違っています。

肝心なのは、先入観を持つことなく、ニュートラルな態度で相手の「事実」を知ろうとすることです。「事実」というと大げさに聞こえるかもしれませんが、要は、求職者がいろいろな会社を辞めてきた理由と、自社を志望する理由が納得できるものか否かということです。

そのためには、先入観を持たず、丁寧な質問を繰り返していくだけです。

例えば「会社の雰囲気が自分に合わなくて辞めた」というのであれば、「会社に合わせるのが当然だろう。ダメな奴だな」と思うのではなく、次のように具体的な質問を重ねて、転職を繰り返す背景を確認してみるのです。

「会社の雰囲気とは、どのようなものだったのですか？」
「そこであなたは何が問題だと思ったのですか？」
「それに対して、何か対応策はとってみたのですか？」

その結果、どうも自分が気に入らないと会社を辞めてしまうタイプの人物だったということもあるでしょう。
あるいは、向上心が高く、よりレベルの高い仕事を求めて職場を移り続けている人だということがわかるかもしれません。

つまり、自分の思い込みで相手を判断するのではなく、あくまでも相手の資質をベースにして、採用するべき人物か否かを判断するのです。

いかがでしょうか。
「転職回数が多いのは問題のある人物」という思い込みをもとに判断していったら、本当は自社にとって大きなメリットがある人物であるにもかかわらず、そこを逃してしまっていたかもしれないのです。
何社も転職を繰り返している人の履歴書を見たら「この人は問題がありそうだな」と思うのではなく「なぜこんなに転職をしているのか、しっかり聞いてみよう」という具合に発想を切り替えてください。

CHAPTER.2

図8

年	月	学　歴・職　歴（各別にまとめて書く）
		職歴
平成20年	4月	株式会社ABCD社入社
		関西支社　営業部　第3課に配属
		新規顧客を開拓
平成24年	3月	一身上の都合により退職
平成24年	4月	株式会社EEEE社入社
		東京本社　第2営業部　第１課に配属
		新規顧客を開拓
平成26年	3月	一身上の都合により退職
平成26年	4月	株式会社JJJJ社入社
		東京本社　運用第2コンサルティング部に配属
		既存クライアントの業務をフォロー
平成30年	3月	一身上の都合により退職
平成30年	4月	株式会社ZZZZ社入社
		・・・・

職歴が多いとか少ないとかの視点で見るのではなく、ポイントは、転職時。この場合であれば、新規開拓業務から既存顧客をフォローすることになった３社目に注目。

図8では、営業パーソンの職歴を事例として掲載しました。この場合に注目するべき点は、それまで新規開拓営業を行っていたのに、3社目からは既存顧客のフォローアップを行っていることです。この場合は「既存顧客へのアプローチを行おうと思ったきっかけはなんだったのですか？」などと聞くと、キャリアを変えた理由が深掘りできるはずです。

このように、ニュートラルな考えに立つことが、人材を活かすことにつながります。

見抜きポイント

転職回数の多い履歴書を見たら、ネガティブな印象を抱くのではなく、その背景を理解しようとすることが大切

履歴書から「相手の心の癖を知る」

的確な問いかけをするには、できるだけ相手の立場に立つ必要があります。

そのために必要なのが、相手の背景を知ることです。

どんな環境で仕事をして、どんな人間関係を築いてきたのかなどを把握しておかないと、相手の力量を正確につかむことができません。

本項では「相手の心の癖を知る」ことを狙いとした履歴書の見方をご紹介します。

「心の癖」を確認する時は、求職者がどんなことに関心を持ち、どんなことを苦手とするかを見ていくのです。

特に大学進学や就職、転職は人生の重要なスタートとなります。また、大学で学んだ分野とは別分野の業種に就職しているケースをよく見かけます。

そこで、次のような質問を投げかけ、その進路を選んだ理由を引き出します。

「あなたはなぜ、○○大学工学部に進学されたのでしょうか？」「あなたはなぜ、○○会社に就職されたのでしょうか？」

この質問から、どんなことを期待して入学・入社し、どんなことを得て（卒業）、どんなことで期待を裏切ったか、どんなことが自分のイメージと異なっていたのか（退職）を注意深く見ていくのです。

大学の研究成果を生き生きとした表情で語っていれば、研究が楽しかったのだなと捉え、技術者としては向いていると考えることができます。

入社の場面では「学校の先生から紹介された会社だったため」などという発言が出れば、仕事に対するこだわりはないのかなと受け止めることもできます。

求職者には一人ひとりドラマがあります。

そのドラマに対して、良い、悪いとジャッジをしては失礼なもの。あくまで感情を入れることなく、客観的な分析をする必要があります。

また、転職回数が多ければ多いほど、ドラマがあり、求職者の人間性を感じるネタも多

CHAPTER.2

く、判断材料も増えます。転職回数が多いことは大切にしている価値が変化した結果なのです。転職回数を重ねることによって、**どのように転職の「質の変化」が起こったかに注目するとよいです。**

転職の質の変化とは、それまでの転職のパターンから変化が見られることをいいます。主にライフステージの変化（育児、介護など）なのか、チャレンジのため（異業種への転職）なのか、やりがい（アグレッシブな会社への転職）を求めるからなのかなどを見ていくことが重要です。

履歴書を見て仮説を立てて求職者に質問していくとよいでしょう。ただ、人間性などを判断することはせず、フラットに質問し、事実を確かめてください。

例えば、

「現在は子育てを中心に業務を行うことを想定されていますか？」
「なぜ○年従事された○○業界での営業ではなく、異業種である○○業界の営業へのチャレンジをされたのですか？」

などといったことを質問するとよいでしょう。

仕事における人生は履歴書に記載されています。その軌跡をジャッジすることなく辿ることで相手の心の癖を理解できるのです。

そして、心の癖がネガティブなものであると考えても、自社で仕事をすることで、ポジティブに変わる可能性を感じたら採用し、それが難しい場合には不採用とします。重要なのは「ネガティブ＝ダメ」としてはいけないことです。

少なくとも、私は過去の延長線上で判断するのではなく、それらは参考にする程度で、現在の心のあり方、状態がどうなのかが重要であると考えています。

見抜きポイント

入学・就職・転職時のタイミングは人生のターニングポイント。そこを逃さず積極的に求職者に質問しよう

CHAPTER.2

履歴書に書かれている文字の巧拙《こうせつ》で人を判断していませんか？

「君、履歴書に書いてある字が汚いね」

こういうことを言う面接官がいるようです。

確かに履歴書というのは、自分を企業にＰＲするための大切な資料です。また、昭和のころは最初に入った会社で勤め上げる人も多く、そういう世代は余計に履歴書の字の巧拙にこだわる傾向があります。

しかし、今は令和。パソコンやタブレットの操作などが義務教育で行われることも多々あり、昔に比べて字を書くということ自体が減っています。それゆえ私は字がうまい人は相対的に減った印象を持っています。なので、私は「字をうまく書ける人が減ったのは、社会の変化によるもの」という認識をしています。

実際、私の会社でも字があまりうまくなくても、活躍している人はたくさんいます。

逆に字がうまくても会社で活躍できていない人もいます。

ですから、履歴書に書かれている文字の巧拙で人を判断することは、理にかなっていないのです。

もしあまり上手でない手書きの履歴書があり、読めない字があった場合は、私は求職者に対して「ここが少し読みづらかったので、教えてもらえませんか?」と聞いたりもします。

その時の対応次第で人柄を見ることができます。

こう考えると、文字が読みづらいというのは、「相手の対応や人柄を見ることのできる機会をくれるもの」と見なすこともできます。

「履歴書に書かれた文字の巧拙だけで判断をしてはいけない」と考えることで、いろいろな人材と出会うチャンスが増えると捉えてみてはいかがでしょうか?

CHAPTER.3

第3章

組織を見抜く

健全な経営組織とは

会社組織を考えた場合、社員は退職しない限り、組織の枷《かせ》から抜け出すことができません。一方、経営層にとっては、会社の存続を考えると、できるだけ自社の方向性に合った社員に長く働いてもらう必要があります。

ただ、この両者はさまざまな面で利害が対立しがちです。

「社員が自分の資質を活かしながら会社に貢献できる組織」がどちらにとっても良い組織であることには異論はないでしょう。

そこで社員の立場からは、自分の属する組織がそのような組織なのかの見抜き方を、一方経営層の視点からは、そのような組織にするために何をするべきかについて紹介していきます。

組織を変革するのは、困難なことが多く、また当然、時間もかかります。

しかし、今の組織には問題があると自覚しているのにもかかわらず、そこに触れずにいたら、遅かれ早かれ、組織は崩壊していきます。

そうならないためにも、皆さんはニュートラルな姿勢で早期に組織の課題を見抜き、対処していくことが重要です。

言うまでもありませんが、会社経営の目的は利益を出すことです。

そして利益を生む源泉となるのは、社員である「人」です。

ですから、利益を最大化するための策が〝リストラ〟の名のもとに行われる人員削減というのは、間違っています。

そもそも〝リストラ〟は〝リストラクチャリング〟の略語で、本来の意味は〝事業の再構築〟です。

決して人員削減ではありません。利益を生み出す社員を削減して利益を追求する姿勢には、矛盾と同時に不健全なものを感じます。

経営組織は健全なものであるべきで、そのために私は、経営体を一個人として捉えており、人間ドックならぬ〝経営ドック〟のようなものが必要なのではないかと思っています。

経営組織を人として捉えるということは、経営幹部が脳にあたり、そこから的確な指令を出すことで製造、営業、経理、総務といった手足が正しく動くということです（図9）。

手足がきちんと動かないということがあるとすれば、脳が正常に機能していないということです。

あるいは、一見きちんと手足は動いているけれど、検査をしてみると体の中はボロボロということもありえます。それも脳からの指令が適切でないために修復ができない状況といえるでしょう。

脳がしっかりしていないと、いずれ病気になります。

つまり、組織の危機です。

ここでは、脳（組織）が本来の機能を果たさないために起こりがちな病（弊害）を、2つ紹介していきます。

図9

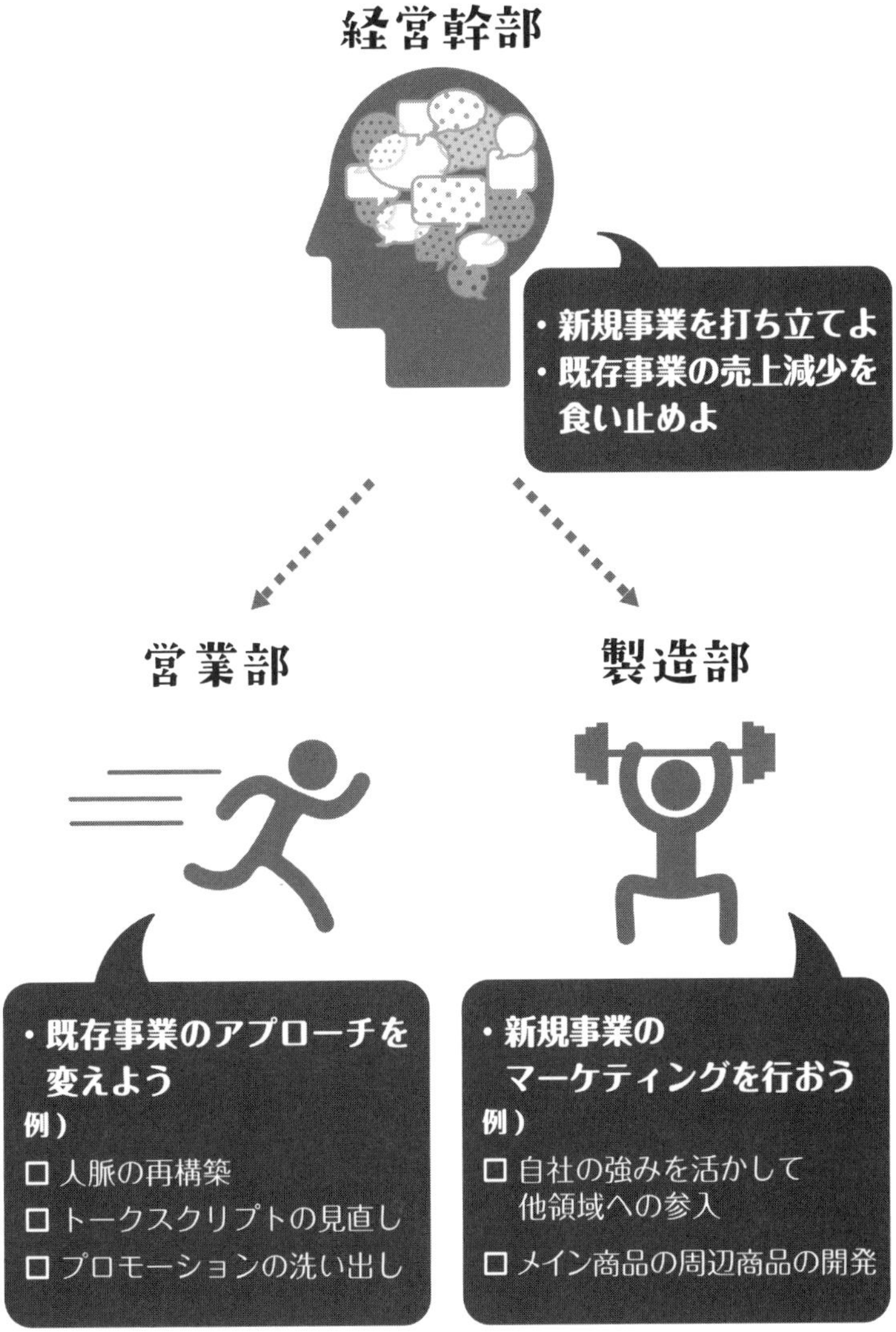
経営幹部
・新規事業を打ち立てよ
・既存事業の売上減少を食い止めよ
営業部
製造部
・既存事業のアプローチを変えよう
例）
□ 人脈の再構築
□ トークスクリプトの見直し
□ プロモーションの洗い出し
・新規事業のマーケティングを行おう
例）
□ 自社の強みを活かして他領域への参入
□ メイン商品の周辺商品の開発

●問題を見て見ぬふりをする

昨今、盤石と思われていた組織が崩壊したり、あるいは社会的信用を失墜したりする例を多く見ます。

経営者自身が問題のある行動をしていたり、あるいは経営者に近い人物に問題があることがわかっているものの、保身のために秘密にして抑え込んでいたり、あるいは経営トップが見て見ぬふりをして、なんら改善策を打たずにいたことが主な原因でしょう。

昭和の時代ならともかく、コンプライアンスが重視され、内部通報制度の法的な整備が進み、さらにSNSが日常的なツールとして利用されている現在、組織内の問題を隠し通すのには無理があります。

組織の問題に蓋をするのは、社内の風通しが極めて悪くなることでもあり、先ほどの人体で例えるのであれば、脳の血管が詰まっていくことです。

いずれ血管が破裂するか血栓ができ（過度なノルマ・不正隠しなど）、手足が動かなくなるか（法令違反）、最悪の場合は死に至ります（倒産）。

パワハラ・モラハラの隠蔽、不法行為の黙認、不明瞭な会計など、組織の息の根を止めてしまう原因が組織自体にある場合には、見て見ぬふりをしていても、なかったことにはできず、さらに病状を悪化させるだけです。

問題があれば、迅速に対応するべきなのです。

●無理や矛盾を押し付ける

年齢を重ねると、身体はかつてのように動かなくなってきます。

小学校の運動会では、保護者参加の競走で、張り切りすぎたお父さんが大怪我をするという、なんとも悲しい事故をよく耳にしますが、これは、かつて足が速かったイメージそのままで走ろうとしても、身体は追いついてこないことが原因です。

経営組織でも、同じことが言えます。

はるか昔の成功体験をもとに、脳が「こう動け」という指令を出しても、手足は思うように動かないでしょう。

もし動いたとしても、意図した通りの動きは難しいかもしれません。そして、思うような動きができないと脳は業を煮やし、さらに「もっと動け！」と無理な指令を出して、手足を混乱させ、あげくのはてに転倒してしまうということになるのです。

このようなケースは、古い成功体験の押し付けだけではありません。

「もっと自主的に動け」と言いながら、全部自分で片付けてしまい「ウチの社員は使い物にならない」と管理職が文句を言っているというケースもあります。

言動と行動が矛盾していて、しかもその責任を部下に押し付けるというのは、どう考えても健全ではありません。

脳の役割は、矛盾のない指令を手足に出すことです。

そのことをしっかりと理解するべきです。

健全な経営組織は一朝一夕ではできません。

しかし、それが無理だからといって不健全な組織を放置していては、いずれ大病になります。

現実を直視して迅速に問題に対処すること。

そしてその際、身内びいきや社員に対する思い込みや偏見は捨て、ニュートラルな視点で組織を見ること。

この2点の重要性は、いくら強調してもしすぎることはないと思います。

見抜きポイント

「組織の問題を見て見ぬふりをする」「矛盾した指示をする」。経営層にこのような傾向が見られる組織は、重大な問題を引き起こす。一刻も早く対処すべき

「郷に入っては郷に従う」人を採用する

「郷に入っては郷に従え」ということわざがあります。

「異なる地域に行ったらその土地の習慣に従うべき」という意味であり、感覚的には、事を荒立てるのを好まない、極めて日本人的なことわざのように思えます。

しかし実際には、英語でも〝When in Rome, do as the Romans do〟ということわざがあるように、「郷に入っては郷に従え」の精神は万国共通のようです。

なぜこのような話をするかといえば、転職活動において、このこととわざとは反対のことをしてしまう人が少なくないからです。

特に目立つのが、大手企業の管理職まで勤め上げた人が中小企業に移ってきた場合です。

仕事のスケールや取り組み方、相手客の違いなどをはじめ、上司や部下との関係性、さらには、コピーや備品の手配は誰がするのかなど、大手企業と中小企業ではまったく違うと言っても過言ではありません。

要は、今までのやり方は通用しないと考えるべきなのです。仕事の場合は特に「大は小を兼ねる」ことはできません。

つまり、**大企業で通用した方法は、中小企業ではそのまま通用しないのです。**

とはいえ、面接で大手企業出身の求職者と話をしてみると、さすがは大手企業出身だと感じる部分も多々あります。

特に仕事の進め方や今の時代にあった組織のあり方など、そのまま導入はできないものの、中小企業が学ぶべき点がとても多いと思います。

私がそのような人に期待するのは、環境の変化に適応できる柔軟性を持って、中小企業にも大手企業の良い点を伝えてほしいということです。

ですから、その点を知るためにも、面接時にはこのような質問をします。

「○○さんは、もし我が社に入社して改善したほうがいいと思う点があった場合、どうしますか?」

「我が社はオーナー企業なので、意思決定プロセスでは多少理不尽なことがあるかもしれません。それは大丈夫ですか?」

少し意地が悪いように思われるかもしれませんが、このようなことを聞くのは、せっかく入社したのに理想と現実のギャップに驚き、後悔してほしくはないからです。

そして、また、私は大手企業に勤務経験がある方が入社した場合には、社員研修で次のような話をします。

「ウチの会社は、ご存じのように中小企業で、しかもオーナー企業です。だから、○○さんが在籍していた会社とは、異なる部分が非常に多く、最初は困惑するかもしれません。次第に慣れてくると、自分のやり方で仕事を進めようと考えると思います。大手企業から移って来た方は、皆さんそうでした。

でも、○○さんは、いまはウチの社員です。いったんは、いまのウチのやり方を是として業務に取り組んでください。そしてある程度慣れてきて、ウチの課題だと感じる部分があれば、○○さんの経験や知恵を活かして、提案をしてほしいと思います。そして取り入れることができるものがあれば、改善に向けた動きも起きるでしょう。

入社してすぐに、『あれはダメ、これもダメ』『あれもこれも足りない』というのではなく、まずはウチのやり方に慣れてください。要は『郷に入っては郷に従え』ということです」


このような話をするのも、私としては、ぜひ大手企業の知見を活かして会社を良い方向に引っ張って行ってほしいと考えているからです。

しかし中には「波風立ててもロクなことはない。定年までおとなしく過ごしていよう」と、自分を抑え、消極的になってしまう人がいます。

かと思うと、うまく会社に馴染んだところで矢継早に改善案を出し、それが採用されないとなると退職し、別の会社に移っていく人もいます。

長い会社員人生で身についた習慣を変えることはなかなか難しいですが、個人、組織ともに柔軟であることの重要性を痛感しています。

見抜きポイント

大手企業でそれなりのポジションだった人物を中小企業で採用する場合には、柔軟性があることが必須

昭和ノスタルジーは弊害でしかない

「昭和のころはよかったなあ。みんな温かくて、人情味があって……」

年配の上司との酒の席で、このようなことを聞かされた方は多いと思います。

昭和の町工場を舞台にした、レトロ感たっぷりの『ＡＬＷＡＹＳ　三丁目の夕日』という映画もありました。

人と人との距離が近く、皆で助け合ったり、ぶつかり合ったりしながら一生懸命生きている。そんな健気な様子がそこでは描かれていました。

生粋の昭和生まれの私としては「昭和ってそんなに良い時代だったかな？」と疑問に思うこともあるのですが、それはさておき、たしかに昭和のころは、今よりは「人情」があったような気もします。

社内での人間関係も、たしかに昭和のほうが「濃かった」ように思います。

当時のことを知っている人からすれば、今の職場はドライに感じられるでしょう。

ただし、だからといって、今の職場に昭和の価値観や方法論を持ち込むのは間違いです。

昭和の時代は、合理性や効率が求められつつも、「何がなんでもやってやる」的な精神論がまかり通っていた時代でもあります。


当然、そのような精神論に疑問を感じる人はいたはずですが、濃密な人間関係の中にあっては、そのような思いはなかなか表に出せなかったのでしょう。

そして、その価値観にフィットした人は順調に出世して、令和の今でも社内で上位のポジションに残り、そうでない人は退職するか、あるいは窓際に追いやられながらも会社にしがみつくという結果になっているのではないかと思います。


前置きが長くなりましたが、ここからが本題です。

時代は平成、そして令和へと移っていったにもかかわらず、経営層がこの「昭和マインド」から抜け出せない企業が少なくありません。

そしてそのような企業には優秀な人材は残らず、遅かれ早かれ、業績は下降していくことになります。

つまり社員の立場からすれば、そのような体質はすぐにでも改めるべき、あるいは早々に転職を考えたほうがよいとなり、求職者の側から見れば、昭和体質の会社は避けるべきということになります。

では、昭和体質とは、まず先に挙げた「**為せば成る**」的な精神論が1つ、そしてもう1つは「**役職者の言うことは絶対**」という誤った価値観がはびこっていることです。

「為せば成る」には、たしかに正しい面もあります。

少しやってみて、うまくいかなかったら諦めるということを繰り返していたら、いつまでたっても何かを会得することはできません。

スティーブ・ジョブズやビル・ゲイツなど偉大な起業家は、当然「何がなんでもやりとげる」という心構えでビジネスに取り組んでいたことでしょう。

ただしそれは、自分に合ったこと、自分が好きでやりとげることに使命を感じていたからこそ可能になったことであり、会社員に無理に仕事を押し付けるためのものではありません。

適性がない、向いていないことを任され、しかも具体的な課題解決の方法を示されることもなく、ただ「やり抜け」と精神論を振りかざされても、言われるほうは当惑するだけです。

しかも、言うほうは、「為せば成る」という価値観に基づいて、善意で励ましているつもりなのですから、救いがたい面があります。そこで働く社員は疲弊していくだけです。

そして「役職者が言うことは絶対」という点でも、言っていることは正しくても、その伝え方が問題であるということに気づいていないケースが非常に多いのです。

例えば、ある役員が、社員の健康のことを考えて基本的に残業は禁止にしたとしましょう。それ自体は、令和の時代に合った素晴らしいことだと思います。働き方改革が進む今の世にフィットする考え方でしょう。

しかし、やむなく残業している社員を見つけ「残業は禁止にしたはずだよ。なぜルールを破って残業してるんだ」というような話し方をしたとしたら、やむなく残業していた社員からすれば、たまったものではありません。

「頑張っているな。でも無理しないで早く帰れよ」などのねぎらいの言葉をかければ、まだ救われるでしょうが、いきなり怒られたのでは報われる要素が何一つありません。

このようなタイプの人は、一事が万事、この調子であることが多いと感じます。

新しい提案があると「これはまだウチには難しいだろう」「この方法は、ウチでは無理だな。もう少し力をつけてからにしよう」など、本人は会社や社員に無理をさせないようにというつもりで言っているのかもしれませんが、自分の価値観に合わないものを認めず、社内を押さえていくのです。

これでは、新しい時代に合った企業風土をつくることなどできません。これからの時代にフィットしていくのは、相当に難しいのではないかと思います。

では、このような場合の対処法として、どんな方策があるかといえば……。

残念ながら、ありません。

昭和体質の会社は、経営層が変わるまで、おそらくそのままです。多様性の重要性などについても、頭ではわかったつもりでいても、そのような経営層では、何の対策も打てないでしょう。

昭和は素晴らしい時代だったと、私が両手をあげて賛成できないのは、令和に残る悪しき昭和の残像を見ているからなのです。

見抜きポイント

昭和気質が色濃く残る「古い会社」は、これからの時代に生き残っていくのは困難

心のケアができる組織なのか？

令和になってすぐ、新型コロナウイルス感染症が蔓延しました。

このことは令和の組織を語るうえで重要な出来事です。

いわゆるコロナ禍により、外出自粛が続きストレスをため込んだり、所属していた会社の業績が落ち込み、会社を辞めさせられたり、望んでいた業界の募集がなく、好きな仕事に就けなかったりした人がたくさんいました。

そういった心理的負担がかかり、コロナ禍を経てうつ病になってしまう人が増えているように思います。

実際、２０２４年6月28日の日経新聞の報道によれば、仕事によってうつ病などの精神障害を発症し、労災認定を受けたのは２０２３年度で８８３件と、統計を開始した１９８３年度以降、過去最多だったそうです。

また、国際情勢に目を向けると戦争が起こったり、紛争が長引いたりしており、不安感が高まっています。地震大国の日本では、大きな地震もたびたび起こっており、防災意識がよりいっそう高まっています。備えを強化しておかなくてはなりません。

そして、SNSが普及した今、誹謗中傷や炎上する発言などを見て心を痛める人も増えています。

令和の時代にあるべき組織とは、こういった状況を踏まえ、従業員をケアできるかどうかにかかっています。一緒に働いている人が精神的に弱っている兆候が出ているとわかった時点で、相談できる体制があるかどうかが、重要です。

人事部への相談窓口はあるのか、先輩や上司に精神的に弱っている人のケアをお願いできる環境なのかが、問われます。

そして、こういった時代にニュートラルな考え方を持っていることで、人の心のケアに目が行き届きます。

例えば、元気のない社員を見かけたら、「プライベートで悩んでいることがあるのかもしれない」「仕事できついことがあったのかもしれない」「親しい人に不幸があったのかもしれない」などとさまざまな可能性を考えるはずです。
さまざまな可能性を考えることで、元気のない人への心のケアを行ったり、他部署や人事部への共有を行ったりすることができます。

令和の時代は心のケアが必要不可欠な時代です。そんな時こそニュートラルな考え方が求められているといえます。

見抜きポイント

精神的に不調の傾向がある人へのケアができる体制が組織にあるかどうかが重要。体制があるだけでなく、相談しやすい雰囲気の組織かどうかはさらに重要

情報の正しさを大切にする組織なのか？

ＳＮＳやＡＩが普及し、いつでも正解を探し出せる時代になりました。各省庁のデータや統計なども検索するだけでヒットし、昔では考えられないくらいに正確で見やすい情報にアプローチできる環境が当たり前になっています。

しかし、その一方で、正確な情報を見抜く力が実は弱まっていると感じる時もあります。

真偽不明な情報を引用してプレゼンの資料を作ってしまうケースがあったり、ＡＩの出してくる情報をすべて正しいと考え引用したりしているケースも見られます。

本項の冒頭で述べましたが、日ごろから各省庁のデータなどを調べておかないと、書き換えられて偽の情報が拡散されている場合には見抜くことが不可能ですし、引用した人の解釈にゆだねてはいけない間違っているケース（例えば、賃金のデータを30年前と比較すると、上昇はしておらず日本の賃金は上がっていないという解釈をするケースが見受けられるが、ここ数年で比較すると右肩上がりに上昇しているので、日本の賃金が上がっていないということにはならない）もあります。

しっかりとした情報源からデータを入手し、分析し、商品開発などに活かす姿勢が令和の今だからこそ、必要なのです。

ＡＩに情報を検索させると、だいたいは合っているものの、一部の情報に誤りがあったり、引用元が違っていたりするケースがあります。例えば、80％正しくても20％間違った情報を含んでいるケースなどがそれにあたります。おおむね正しくても、それでは「正しい情報」とはいえません。

常日ごろから、情報への接触の仕方を若手の社員に指導している企業もあれば、そうではない企業もあるようです。ただ、正しい根拠・データから企画書を作成し、サービスや商品を作り、世の中に出していくことがビジネスパーソンの使命であるはずです。

部下が出してきた資料を確認し、出典や引用元はしっかりしたソースなのかどうか、調べることを徹底する上司がいるかどうかは企業のその後を占う大事な要素です。

それだけでなく、部下にどういったソースの情報なら間違いないものなのかといった指導を日ごろから行っているかどうかももちろん重要です。

ＳＮＳやＡＩが普及した今だからこそ、**ファクトを調べる姿勢を持っているかどうかは令和の組織に重要なことです。**

見抜きポイント

データや事実を調査する姿勢を会社として持っている組織かどうかは、ＡＩやＳＮＳが普及した今だからこそ重要

人格を形づくる5つの価値観

人の価値観とは、その人が生きてきた長い年月を経て形成されるものであり、まったく同じものは一つとしてありません。100人いれば100の価値観があります。まさに価値観とは、その人の人生そのものなのです。

とはいうものの、似通った傾向はあります。人と競争することが好きな人もいれば、自分の利益よりも他人に尽くすことに高い価値を見出す人もいます。

私は人事担当者として、人の適性を見抜き、適材適所の人員配置をするのが仕事ですが、その適性を判断する材料として、価値観を大きく5分類にして、どの要素が色濃く出ているのかを探るという方法を取っています。

その5つの価値観（**図10**）を私は、「競争」「奉仕」「楽しむ」「調和」「支配」と名付けています。いずれも決して悪い意味ではなく、価値観ごとの優劣もありません。

また、人は1つの価値観に基づいて行動しているわけではなく、誰もがこの5つの価値観を持っています。

図10

特性	特徴	向いている仕事
競争	競い合うことに慣れていて、より上位を目指す 常に高みを目指す意欲があり、自分との競争も好き	**営業** など
奉仕	面倒見が良く、何かと他人の世話を焼くことに価値を感じている 世話を焼く基準が自分の価値観に基づく	**品質管理** など
楽しむ	自分の持てる能力をフルに発揮することに価値を感じる 制約をかけられると能力を発揮できない場面も出てくる	**マーケティング、開発** など
調和	穏やかで平和な環境に価値を感じる ただし、保守的な一面もあり、この価値観の人だけだと保守的な組織になりやすい	**事務、総務** など
支配	まず相手が望んでいることをくみ取り、それを率先して実現することで、相手の心をつかむ	**営業、マーケティング、開発** など

↓

どれか1つの特徴を持っているわけではなく、人はどの特徴も持っていて、強い特徴は何かを把握するとよいただ、日常生活や仕事の場面でどの要素が色濃く出るかということで、その人の適性を判断するのです。その価値観に基づいて適切な人員配置をすることで、社員のストレスは軽減され、健全な組織運営が可能になります。

では、5つの価値観について簡単に説明しましょう。

●「競争」

〝切磋琢磨〟という言葉がありますが、まさにそのイメージです。

受験やスポーツの成績で競い合うことに慣れていて、より上位を目指すことに高い価値を置いています。プレッシャーに強く、ノルマを背負った営業パーソンなどに向いています。

また競争の相手は他人だけとは限りません。常に高みを目指す意欲があり、自分との競争を続けています。人によっては驚異的に感じるかもしれませんが、本人はそれが楽しいので苦痛ではないのです。

だから「いつもノルマに追われて大変だね。大丈夫？」と声をかけられても、ピンとこないので「大丈夫って、何が？」ときょとんとしてしまう。そんなタイプの人です。

●「奉仕」

男性・女性に限らず、いわゆる母性愛の強いタイプといえます。面倒見が良く、何かと他人の世話を焼くことに価値を置いている人です。

親切でとても良い人ではあるのですが、問題もあります。

それは、世話を焼く基準が自分の価値観によるという点です。

自分が「これは相手が困っているに違いない」と感じたら、まず声をかけて「どうしたの？」「大丈夫？」とあれこれ世話を焼こうとするものの、相手は特に困っていない、という状況が起こりがちです。

いわゆる「おせっかいな人」になってしまい、さらに「自分の好意を無視された」と腹立たしく感じてしまうこともあります。

このような例で説明すると良くない価値観と思われるかもしれませんが、奉仕の精神がなければ、福祉の事業などは成り立ちません。

また見過ごしがちな組織やプロジェクトのトラブルも、「おせっかいな人」がいなければ誰にも気づかれないままになってしまうでしょう。その意味で、奉仕は貴重な価値観なのです。

●「楽しむ」

純粋に「楽しい」と思えることに重きを置く価値観です。この「楽しい」というのは、決して〝ラク〟や〝笑える〟という意味ではありません。

よく大きな大会に出場するアスリートが「試合を楽しみたいと思います」というコメントをしていますが、その意味は、自分の持てる能力をフルに発揮してとことんまでやり抜く、そのこと自体を〝楽しむ〟と表現しているのです。

また、このタイプの人は、一見「競争」タイプのように思えることもあります。

例えば、営業部門に配属されて契約を取ることが面白いと感じれば、工夫を凝らして契約獲得の方法を生み出し、どんどん営業成績を伸ばしていくでしょう。

その様子はまるで「競争」の価値観を持っている人にも見えるかもしれませんが、本人にはそのような意識はなく、ただ単に営業が面白いだけなのです。

だから、下手にノルマを課したり、余計なプレッシャーをかけたりすると興味をなくしたり、つらくなったりして営業成績が急落するということもあります。

このように、本人が楽しめる環境が用意されていれば成果を上げるものの、興味をなくしてしまったら何の成果も上げられなくなるという、極端な価値観の持ち主ともいえます。そしてまた、社会では好きなことだけをやっていればいいということはありえないので、常にどこかで不満を抱えていることも考えられます。

この価値観の持ち主の配置には、十分な目配りが必要でしょう。

●「調和」

穏やかで平和な環境に価値観を見出し、全体の和が乱れるとストレスを感じるという価値観です。

その意味では、極めて日本人的であり、一般的な価値観といえるでしょう。

余計なトラブルを発生させないために周囲に気配りし、時には忖度もしながら上手に仕事を進めていけるので、会社にとっては組織運営上欠かせない存在であるといえます。

ただしその傾向が悪いほうに出ると、会社にとって不利益な事態を引き起こすおそれもあります。

極端な例ですが、会社の引き起こした不適切な事態をもみ消そうとしたり、突出した能力の持ち主を「和を乱す」としてつぶそうとしてしまったり、ということです。「調和」の価値観がなければ組織は回りませんが、この価値観の人ばかりになってしまうと、極めて保守的で、時代の流れについていけない組織になりかねません。その点はよく見極めることが重要でしょう。

●「支配」

支配というと自分の思いのままに相手をコントロールする良くない行為だと思われがちですが、それは決して悪い面ばかりではありません。

腕力で相手を支配するというのは、ただのパワハラや犯罪行為であり論外ですが、一般的なビジネスの場においては、相手をコントロールしようと思ったら、まず相手が望んでいることをくみ取り、それを率先して実現することで、相手の心をつかむことが重要です。言い換えれば、サービス精神に満ちているということでもあります。

この価値観は、顧客のニーズを先取りするという意味では営業パーソンに求められますが、それだけでなく、マーケターや広告宣伝の担当者にも必要だと思います。

自分の立案した施策がうまくはまった時には、無上の喜びを感じることでしょう。

いかがでしょうか。

「部長は『競争』だな」「○○君は『調和』かもしれない」など、上司や同僚、部下の顔を思い浮かべながら読んでくださった方もいるでしょう。

繰り返しになりますが、この5つの価値観は、それぞれに優劣をつけるものではなく、また、誰もがすべての価値観を持っているものです。

例えば「競争」の価値観の持ち主であっても、困っている同僚を見れば助けてあげようと思うでしょう。ただ、普段の行動や言動で、どの部分が強く出ているのかを見る時の手助けになるということです。

それを踏まえたうえで、ぜひ、社員の適正配置に役立ててほしいと思います。

見抜きポイント

人は、「競争」「奉仕」「楽しむ」「調和」「支配」の5つの価値観を持っている。どの価値観が強いのかを判断して配置することで、スムーズな組織運営を実現する

長い職歴があっても適性があるとは限らない

人事の仕事で、採用の面接や社内面談をしていると「この人は『青い鳥症候群』だな……」と感じることがあります。

「青い鳥症候群」についてはご存じの方が多いと思いますが、私は「根拠のない理想を追い求め続けてしまうこと」と考えています。

この言葉の由来は、チルチル、ミチルでおなじみの童話『青い鳥』からきています。兄のチルチルと妹のミチルが幸せの青い鳥を探しに旅に出ますが、結局見つけることができず、最終的には自分の家で飼っていた鳩が実は青い鳥だったことに気がつく、というお話です。

つまり「本当の幸せは案外身近なところにある」ということなのですが、青い鳥症候群に陥っている人は、そのことに気がつきません。

仕事の話に即していえば「いつまでたっても自分に合った仕事に出合えない」と、転職を繰り返してしまう人は、このパターンの可能性があります。

このように仕事を変え続けてしまうのは問題ですが、逆に、本当は向いていない仕事を、本人もその事実に気がつかないままにやり続けてしまうことも問題です。

適性がない仕事をひたすら続けているのですから、モチベーションは上がらず、仕事で得られる満足度も低いのではないでしょうか。

例えば、商業高校で簿記2級を取得した人は、就職すると経理に配属されるケースが多いと思います。

しかし、それはたまたま学校で簿記の資格を取ったからであって、本人の性格や資質は関係ありません。

そもそも簿記の資格も、本人が取ろうと思って取ったのではなく、学校で勧められたから取ったというケースがほとんどでしょう。

しかし、たいていの場合、このようなケースでは本人の資質は考慮されず、そのままずっと経理の仕事を続けることになりがちです。

これは形式的には適材適所かもしれませんが、本来的な意味ではそうではないかもしれません。

もしかしたら営業部門や企画部門の仕事のほうが本人に向いているかもしれないからです。

つまり、ずっとその道ひとすじでやっているからといって、本人の適性と合っているとは限らないのです。

「自分はこれしかできないから」と思っている仕事には当然本人の熱も入らず、また積極的な改善案なども出にくいため、会社の利益にもなりません。

このようなケースを見抜くには、経験豊富な人事担当者との面談が有効です。

本人の特性を把握し、長所と合う部署の上長をアサインしましょう。

もちろんこういった場合は、パフォーマンスが上がっていない社員が所属する部署の上長から、その社員の長所は何か、事前にヒアリングしておく必要があります。

その道のプロフェッショナル（専門部署の上長・営業部長、制作部長など）な人を交えて三者面談をし、求めている業務の質と量、適性を挙げて、本人にフィードバックして考える場を設けるといいでしょう。

仕事の話になった時の口調や目の輝きは、本人が自覚しているか否かを問わず、言葉よりも雄弁に本人の本当の思いを教えてくれます。

そして、もし適性が合っていないと感じた場合には、配置転換を検討するべきでしょう。

これは中途採用の場合も同じです。

例えば技術職の採用を進める場合、当然技術職の経験者が応募してくるはずですが、その人の本来の資質が技術職に向いているのか、またモチベーション高く業務に取り組んでいるのかを入社前に見極める必要があります。

そのためには、面接時に技術担当の社員を1人はいれておくべきでしょう。

専門家にしかわからないことがあるでしょうし、何よりも技術に関して話が弾めば、採用する側もされる側も意気投合できます。

それはつまり、その人が熱心に仕事に取り組んでいることの証ともいえます。あとは人物像を人事担当者が専門的な視点でチェックするだけです。

反対に、こちらが用意した技術担当の社員と話が噛み合わなかったり、本来は不可欠となる専門知識が不足したりしていると思われる場合には、技術畑が長いといっても、本人の資質に合っていないのではないかと判断するべきです。

これは技術職に限った話ではありません。

営業、総務、人事、経理など、どの部門であっても、その業務に必要とされるセンスがあり、そのセンスの有無を見抜けるのは、専門家だけです。

その意味で、中途採用の面接には、必ず配属先となるであろう部署の担当者も同席させるべきなのです。

見抜きポイント

同じ職種で長い経験があるというだけでは、評価は難しい。適性を見抜くために、面接時に専門家に同席してもらうべき

頭が良いから事務ができる、わけではない

記憶力が良くて数字に強い——。

世間的には、このような人は「頭が良い人」と思われています。そしてこのような「頭の良い人」は、きっと細かいことも得意だろうということで、事務系の部門に配属されることが多いと思います。

たしかに、知的な雰囲気をまとい、頭の回転が速そうな人は、複雑な対人関係が渦巻く営業や、黙々と機械相手の作業が多い工場などの生産現場よりも、一日中デスクやパソコンに向かって数字の管理をしている部署が向いているように感じます。

ところがこれが思わぬ落とし穴なのです。

どのような仕事でも正確さが求められるのは当然ですが、とりわけ事務系の仕事にはミ

スがないことが必要です。

もちろん営業の現場などでも得意先の情報や受注金額などはしっかり覚えておく必要はありますが、メモをとったり他の社員と情報共有したりしておけば、抜け漏れを防ぐことができます。

それよりも営業の担当者に求められるのは、良好な対人関係を構築できる能力であることは言うまでもありません。また工場などの製造現場でも正確な作業が要求されますが、この場合も頭を使った正確さというよりも、どちらかと言えば「手先の器用さ」が必要になるといえます。


では、なぜ事務系の仕事には正確さが強く求められるのかといえば、一言でいえば〝数字を扱う仕事〟が多いからです。

総務人事部門では従業員の勤務時間の管理や給与計算などを行ったりしますが、とりわけ正確さが必要になるのが経理部門です。

銀行では、日々の出納が1円でも合わないと、たとえ深夜になろうとも徹底的に帳簿を調べ上げミスを見つけ出して修正します。同様の心構えが経理部門には求められます。

お金は、企業経営における血液です。お金が正確に流れていなければ、企業経営は成り立ちません。

「そのような重要な部署だったら、なおさら頭の良い人を入れたほうがいいんじゃないか？」

そんな声が聞こえてきそうですが、そうではないのです。

頭の良い人は、その頭の良さゆえに、かえってミスをしがちなのです。

「一を聞いて十を知る」という言葉があります。

頭の良い人には、そのようなタイプの人が多いのですが、物事の理解が速い分、丁寧な作業が苦手な傾向があります。

例えば日々の売上を分析して営業活動の課題を見つけたり、あるいは支出を見てコスト削減ができそうな部分を見つけ出したりということはいわゆる「頭を使う」作業なので、頭の良い人向けの仕事です。

しかし、その判断が適切なものであるためには、帳簿に記載されている金額が正確でなければなりませんが、この「帳簿に正確な金額を記載、ないし入力する」という作業が、頭の良い人は苦手な傾向にあるのです。

おそらく頭の良い人は大量の伝票を渡されたら、とても手際よく入力を済ませるでしょう。

効率的な業務という観点ではそれは理にかなっていることではありますが、経理でより重視されるのは、効率よりも正確さです。

1件ごと正確に入力し、終わったら最低でも2回くらいは入力内容をチェックし、漏れやずれがないかを確認する——。

入力作業一つをとっても、最低限このくらいの丁寧さが求められます。

頭の良い人、飲み込みの速い人はこれに耐えきれず、ミスを頻発しがちなのです。

結果、週次や月次の締め日には数字が合わず、毎回、部員総出で修正に当たるということになりかねません。

これではさすがに本人も仕事への意欲が低下するでしょう。

つまり、頭の良い人は大枠の数字を見て問題点や課題を見つけ、対応策を考えることのほうが得意なのです。

経理の現場に向いているのは、頭の良し悪しよりも、コツコツと地道な作業に取り組むことが苦にならない性格の人といえます。

ところが、「この人は頭が良いから経理向きだろう」と考えて配属を決定した上層部には、そこが理解できません。

「会社の業績を左右する経営戦略を立てられるくらいの頭があるんだから、日々の経理なんて片手間でできるはず。それなのに凡ミスを繰り返すのは、やる気がないからだ」などと考え、ある時は励まし、ある時は叱責するなどしてモチベーションを向上させようとしますが、向いていない仕事をやらされる本人にとっては苦痛以外の何ものでもないはずです。

「頭がいい＝数字に強い＝経理向き」という発想を持っている方は、いますぐにその思い込みを改めていただきたいと思います。

もちろん、頭が良くてきっちりと経理の仕事ができるという人もいます。

しかしそれは、頭が良いことが要因なのではなく、経理向きの性格だったということなのです。

配属については思い込みで判断するのではなく、しっかりと人物を見ること。

このことを忘れないでください。

見抜きポイント

頭の良し悪しと業務への適性はまったく別物と考えることが重要

配属は能力よりも人や仕事との相性

「親ガチャ」という言葉をご存じでしょうか？

これは、若者の間でよく使われる言葉で、自分の親を、何が出てくるかわからない、カプセルトイの「ガチャガチャ」になぞらえたもので、裕福な家庭に生まれれば「親ガチャに当たった」、その反対に恵まれない家庭に生まれれば「親ガチャに外れた」という言い方をします。

その会社版が「上司ガチャ」です。

情報通信会社の株式会社アッテルが行った調査によれば、『上司ガチャ』にはずれたと感じたことはあるか」という質問に81％もの人が「ある」と回答しました。

「ある」と答えた人は上司について「指示がわかりにくく一貫性がない」（48・5％）、「高圧的な態度を取る」（47・8％）、「すぐに怒るなど感情的になりやすい」（44・7％）などと答えています（株式会社アッテル「〈上司ガチャの実態調査〉上司との相性が仕事のパフォーマンスに影響する人が9割超え。「上司ガチャ」をなくすためにデータに基づいた配置を希望する人が約9割」URL:https://prtimes.jp/main/html/rd/p/000000020.000046088.html)

※調査対象：正社員として働いている人　452人、調査方法：インターネット調査
調査期間：2022年3月7日〜3月14日

この調査について何を感じるかは、その人の今までの社会人経験によるところが大きいでしょう。

上司や会社に恵まれてきた人であれば「どんな上司にだって良いところもあるし悪いところもあるだろう。そこはもっとポジティブに考えないと」と思うでしょうし、反対につらい思いをしてきた人は「よくわかる。そもそも良い上司なんてこの世の中にいるのか？」と感じるかもしれません。

このように、人の生き様や考え方に大きな影響を与える「上司ガチャ」ですが、これが「親ガチャ」と決定的に違うのは、「親ガチャ」は運でしかないのに対し、「上司ガチャ」は部下となる人にとっては運任せかもしれませんが、配属を決める担当者によって変えることができるということです。

つまり、その担当者が、上司と部下となる人の相性をしっかりと見極めていれば「上司

ガチャに外れた」ということにはならなかったかもしれないのです。

配属先を決定する際に、人事担当者がまず重視するのは、適性や能力でしょう。そこが重要なのはもちろんではありますが、**意外と軽視されがちなのが上司との相性だと感じます。**

ドラマなどであれば、口数が少なく対人関係も苦手な社員を、体育会系でパワフルな上司のもとにつけることでいろいろなことを学び取り、いつの間にか本人も陽気でパワフルなキャラクターになって会社に貢献していくということもあるかもしれませんが、現実にはそのようなことはまず起こりません。

新たに配属された社員は上司からのプレッシャーに耐えきれず、早々に退職してしまうでしょう。

もちろん、上司の面倒見が良く、本当に心から部下の成長を願っている人物であれば話は別ですが、そのようなこともほぼありえません。一番起こりうるのが、指導のつもりがパワハラになっているということです。

また大らかな性格で発想も豊かな社員に、もう少し注意力や周囲への目配りを学ばせようという考えで、理詰めかつ細かな性格の上司のもとにつけても、逆効果でしょう。

部下は部下で「こんなに小うるさい上司のもとにいたらつらい」と思うでしょうし、上司の側からすれば「ちょっと大雑把なところがあるけれど、大丈夫かな」などと、お互いネガティブな感情を抱くことになって、社内の雰囲気は悪くなるだけです。

社員教育とは、本来社員が持っている資質や能力を伸ばしていくことです。違う資質や能力を向上させることを強要しても、本人にとっては不幸なだけです。

会社とは利益を追求する組織ですから、社員の能力を最大限発揮できる環境を整える必要があります。

そのためにもまず、社員の人間性を見極め、相性の良い上司と部下を組み合わせることが重要だと思います。

見抜きポイント

正反対の性格の上司と部下がうまくいくのはレアケース。相性の良いもの同士を組み合わせるのが最善策

人事部の強い会社と弱い会社、どちらがいい？

ここで質問です。皆さんの会社に人事部はあるでしょうか？

「人事部はないけれど、総務が人事も兼任している」という方も多いのではないかと思いますが、そのような場合の人事担当者の業務は、おおむね労務管理です。

本来的な意味での「人事」とは違います。

では、本来の人事部とはどのような部署かといえば、**会社が必要とする人材を見極めて採用し、適切な部署に配置して能力開発を進めながら、適材適所での人材活用を実現する部署だと考えています。**

大企業や官庁などの人事部門はこのような機能を持っていることが多いですね。

会社経営において「人財」が重要な要素となることを考えれば、人事部門が会社経営の一翼を担っていることは間違いありません。そのため、組織が大きくなるほど、人事部に配属される社員はいわゆるエリートが多くなります。

便宜上、独立した組織である人事部を「強い人事」、総務人事や経理人事のように、他部門の一部署となっている人事部を「弱い人事」と呼ぶことにしましょう。

さて、会社を強くする人事部は、どちらでしょうか？

正解は……実は「どちらとも言えない」です。

「強い人事」にも「弱い人事」にも弱点があるからです。

では、それぞれどのような特徴があるのか見てみましょう。

●「強い人事」

先述のように人事部に行くのはエリートであり、また会社の命運を左右する部署ということもあって、人を見る目を養うために、鍛えられます。

また、社員の思いを吸い上げる、あるいはなかなか表には出てこないホンネを知るためには、営業部員とは違ったコミュニケーションスキルも求められます。さらに人事にまつわる課題を解決するためには、調整力や説得力も必要になるでしょう。

いわば**人間関係のスペシャリストがそろった部署なので、社内の人的リソースの最適化**

が実現できるといえるでしょう。

ただし弱点もあります。

それは、**人事の専門家として教育されているがゆえに、現場のことを理解できていない場合もある**ということです。**問題が発生した時の解決パターンが教科書的になりがちで、現場の実情に合っていないということが起こり得ます。**

これは採用時においても同じことがいえます。

人格面でもスキル面でも自社にふさわしいと思った人物であっても、現場の責任者との相性に問題がありそうなケースがあります。そうであれば採用を控えたほうがよい場合もあるのですが、そのような感情面を軽視して採用した結果、予想通り上司と反りが合わないというケースがあります。

要は、現場に疎いエリートゆえのウイークポイントがあるということです。

●「弱い人事」

採用や配属で圧倒的な力を持っているのが、利益を生み出す営業部門、あるいは製品をつくっている製造部門であるため、人事への対応などにそのような強い部門の組織風土が色濃く出るということがあります。

例えば、精神論や根性論がまかり通っている現場の意向が反映された組織風土の場合、弱い立場の人事部門がコンプライアンスを遵守した適切な労務管理を実施するのは難しいことが予想されます。

その結果、売上第一、生産第一で、働く社員の意向を無視するような、いわゆるブラック企業になりがちなのです。

また、そのような会社では、採用試験の面接官となる総務人事の担当者は腰が低いことが多い傾向にあります。おそらく社内で弱い立場にありつづけるうちに、染み付いてしまうのでしょう。

現場の責任者は、利益につながらないため、面接に出ないということも多いのです。志望者は総務人事の担当者を見て「誠実そうないい会社だ」と思って入社するものの、いざ現場に配属されてみると面接時の印象とはまったく違い、パワハラや長時間の残業が当たり前のブラック企業だったということもありえます。

その結果、新入社員は退職することになり、当然、優秀な社員は残りません。

「類は友を呼ぶ」という言葉の通り、会社の風土に合ったパワハラ体質な社員だけが生き残ることになるのですが、そのような企業はいずれ何かしらの問題を引き起こす可能性は高いといえます。

このように人事部が強すぎても弱すぎても、問題発生の火種はあります。いったいどのような人事部が理想的なのか。私も現在模索中です。

見抜きポイント

強い人事、弱い人事、どちらにも弱点がある。所属する会社の人事部が強いか弱いか把握しておくことで、キャリアに及ぼす影響が見えてくる

「職種別」組織に適した人材の見抜き方

さて、ここまで「人を見抜く目」「自分を見抜く目」「組織を見抜く目」をテーマに、いろいろな角度から解説をしてきましたが、採用の現場にいる方にとっては「理屈はわかるけれど、今のウチに必要な人材には具体的にどんな能力があればいいいんだ？」と思われるでしょう。

そこで、ここでは、「経理・事務」「営業」「製造」「管理職」の4つの職種について、必要と思われる能力を紹介していきます。

職種は同じでも、会社によって業務内容は異なることが通常ですが、できるだけ普遍化して、各職種に求められる資質をまとめます。

●「経理・事務」

経理部門は、会社のお金にまつわる一切の業務を取り仕切る部署です。

お金は企業経営の血液というべきものであり、それだけでも部署の重要性がわかります。

一方の事務は、会社によって扱う範囲が異なってきますが、社内がスムーズに回るよう取り計らう部署といえるでしょう。

どちらにも共通することは、思い込みが強かったり、感覚的に仕事をしたりする人には不向きだということです。

経理はきっちりと数字が合っていることが求められ、事務においても備品管理や労務管理が適切にできていなければ日々の業務に支障をきたします。

自分の感覚で「今月の売上はこのくらいだろう」「今月の社員の残業時間はこの程度にしておこう」などという仕事内容では済ませられないのです。

事実に基づいて細かく数字や状況を管理していけるような、コツコツ型の人材が適任といえます。

また、法令遵守の精神も求められます。特に経理や人事部門を管掌している事務部門の場合、コンプライアンス違反は行政による何らかの処分に直結し、そしてそれは直接的に会社の信用低下を招くものです。

正確な作業を好み、法令遵守の精神を持った誠実な人柄。それが経理・事務の人材に求められる要素です。

さて、経理・事務に必要な特性がわかったうえで、採用の現場では求職者が向いているかどうか質問をしていかなくてはなりません。

経理の力量を図る質問は次の通りです。


「金額が合わない時はどんな気持ちになりますか？」

「仕訳の間違いが見つかったらどう思われますか？」
＊前向きな言動か後ろ向きな言動かで、適性があるかどうかがわかります。
「数字の読み合わせや二重チェック業務は面白いですか？」
＊地道な作業ですが、間違い探しが得意な人には、適性があります。
「仕訳をする時に勘定科目の設定で迷うことはありますか？」


もちろん会社によってはルールが違うことがあります。

また、予算計上の仕方で仕訳も変わりますので、予算実績管理の経験者と未経験者では回答の深みが違ってきます。

●「営業」

営業の仕事は、BtoC（企業対消費者間取引）、BtoB（企業間取引）と、大きく2種類にわけられ、それぞれ仕事のスタイルが異なります。

BtoCは基本的に常に新規顧客を開拓していくスタイルであり、BtoBは既存顧客との人間関係をもとにした、人脈を活用するスタイルです。

BtoCの場合は、扱う商材にもよりますが、現在ではインターネット広告や展示会での問い合わせなどを通じたインバウンドでの営業が多いのではないかと思います。大切なことは、いかに見込み顧客との信頼関係を築いていくかです。

そして一度契約を取れたら、実績を積み上げ、より多くの商材を購入していただいたり、新規顧客を紹介していただいたりすることです。

時間をかけてじっくりと大きな木を育てていくイメージです。

BtoBの場合でも、飛び込み先の相手と人間関係をつくることは大前提ですが、相手の潜在的なニーズをつかみ、そのうえで購入意欲を湧かせるテクニックが必要です。

そしてその時に大切なことは——これはBtoCの場合でも同様ですが——、こちらの言いたいことだけを話し、商品やサービスを押し売りするのではなく、相手のほしいものを聞き出してそれに合ったものを提供することです。

「これは安いですよ、買わないと損ですよ！」ということではなく「このようなお困りごとはないですか？　もしその場合には、この商品で解決できます」という具合です。

そして、**どちらにも共通して必要となる資質は、卓越したコミュニケーション能力と、ストレスを受けながらも困難な仕事を達成することに喜びを感じるというメンタリティ**です。営業は、直接的に利益を生み出すという意味では会社の屋台骨です。そのプレッシャーに耐えうる胆力が求められます。これらをまとめると、採用現場が考える営業に向いている求職者の特徴は次のようなものです。

- 聴く力
- 提案力
- 仕事への高いモチベーション
- お客様の心を開く力（褒める力）
- 精神的なタフネス

これらを持っているかどうかがわかる質問を投げかけていくことで、求職者の営業力、センスを見抜くことができます。

営業経験者の力量を図る質問は次の通りです。

「新規顧客の開拓で成果を上げるにはどのようにするといいのでしょうか?」
「お客様との関係性を高めるには、どんなことを工夫されていますか?」
「営業職を選ばれた理由は、何でしょうか?」
「営業をやっていて良かったことはありますか?」

聴く力、提案力、仕事への高いモチベーション、お客様が心を開けるか(褒める力)、心が折れずに営業を続けられるか、これらの視点で求職者の回答を照らし合わせてみてください。

「(精神論で)頑張ります」といった、あまり考えていないような回答でしたら、会社の戦力にならないと判断してもよいでしょう。

「○○という方法で成果にコミットメントします」とか、「営業で成果を上げることが楽しいです」などといったことを、力強く語っている場合は、成果を出せる人材の可能性が高いのです。

良い営業パーソンは、面接をする側の採用担当者にとっても、話していてワクワクさせてくれるものです。

また語っている表情や仕草に注意を払ってみましょう。

イキイキと目が輝いて語っていたら、力のある営業パーソンの可能性を秘めています。

●「製造」

製造業で働く人の中心は、工場の生産ラインで働くラインオペレーターです。この職種に向いているのは、やはり、ものをつくることに喜びを感じる人でしょう。

1人のラインオペレーターがかかわることができるのは、完成した製品のほんの一部ではありますが、そのパーツがなければ完成品とはならないことを思えば、やりがいのある仕事だと思います。

ラインオペレーターは工程によって、求められる人材像も異なります。

そこで工程を、実際にものをつくる「製造工程」、製造工程でつくられたものを組み立てる「加工工程」、そして製品を検査する「検査工程」の3つにわけて説明していきます。

①「製造工程」

すべてのスタート地点であり、間違いのないものをつくるためのスキルが求められます。ここでミスが多かったら、後の工程ではやり直しができないので、大きな損失となってしまうのです。

そのため、この工程にはベテランの社員が多く、技術を習得するためには1年以上の時間がかかったりします。

また、個人でものをつくるという業務の性質上、高度なコミュニケーション能力は求められません。それよりも細かな作業が得意で、単調に感じられる業務も着実にこなせる人が向いています。

②「加工工程」

できあがったパーツを組み上げていく作業なので、製造工程ほどの熟練度は要求されません。製品にもよりますが、1カ月から3カ月程度で作業内容は把握できるでしょう。

この工程は何人もの担当者がチームで作業を行うので、手先の器用さよりも、むしろチームを束ねていくためのコミュニケーションスキルが必要になります。

その意味で、リーダーシップを発揮できるタイプの人が向いているでしょう。

③「検査工程」

ここで最も求められるのは知力です。

「なぜ知力?」と思われるかもしれませんが、工場でつくっているものは、1つの製品とは限りません。複数のラインが走っていれば、当然、完成品も複数あります。

検査工程では、それらすべてのチェックをする必要があるので、覚えなくてはならないことが膨大にあるのです。そのために、一定以上の知力が必要となるのです。

このように、一言で〝製造〟といっても、求められる人材像には大きな差があります。

この違いを理解したうえで、適材適所な人員配置を進めることが求められます。

製造職経験者の力量を図る質問は次の通りです。

「ものづくりで大切なことは何でしょうか？」
「日ごろから心がけていることにはどんなことがありますか？」

品質や安全面に対する真摯な受け答えがあり、ものづくりに対しての使命感を語れる人は製造職に向いています。具体的なエピソードを交えてやっていることが語られていたら、説得力があり、活躍できる人材になる可能性が高いでしょう。

●「管理職」

管理職と一言でいっても、レイヤー（階層）はさまざまです。

経営幹部に近い管理職もいれば、上位の管理職と下位の管理職や現場の社員に挟まれる中間管理職もいます。

それぞれでなすべきミッションは異なりますが、その役割を大きく捉えるのであれば、**「課や部を任されて、その部門を経営し、成果を出す役割を担うポジション」**といえるでしょう。

そのように考えると管理職は、経営者にも劣らないほどに、企業経営の命運を握る重要な存在といえます。

では、その管理職に必要な資質とは何か。私は次の6つだと考えています。

①組織運営力

部下が気持ち良く働けるように職場環境を整える力です。昭和のころのように、どの社員の価値観も似通ったものであれば、ワンマンタイプの管理職が「俺について来い」と一言いえば部下は同じ方向を向きました。多少組織のあり方や人間関係に問題があったとしても、目をつぶってやり過ごすことができたかもしれませんが、現在はそのような時代ではありません。

価値観が多様化し、個々の社員がいろいろな方向を見ている現在、力技で社員を引っ張っていくのではなく、全員の能力をうまく引き出し、**総力戦で業務に取り組める環境**を整備する必要があります。

②時間管理

仕事をするだけでなく、プライベートを充実させることで生産性が上がるというワーク・ライフ・バランスの考え方は、すっかり定着したように思います。

また、コロナ禍を経て副業を認める企業も増加するなど、働き方そのものが多様化しています。

そのような環境下で求められるのは、**時間内で仕事が完了するよう、部下や自分の業務量を調整したり、業務プロセスを見直したり、適切な時間管理を行ったりすること**です。

③問題解決力

変化の激しい時代と言われます。

このような言い方では抽象的ですが、具体的に製造業の観点から見てみましょう。

製品をつくる肝、原材料の購入価格にフォーカスすると、数年前と比較して大きく値上がりしていることが多いと思います。

一方、顧客は、同じ品質のものであれば少しでも安いものを買おうとしています。

そのような時代にあって、従来どおりのやり方がいつまでも通用すると考えていたら、それだけで管理職は失格です。**常に問題点を探し、その解決策を考え、その実現のためには変化をいとわない。そのような力が、まさに求められているといえます。**

④コンプライアンス遵守と安全配慮

言うまでもなく、会社は社会的な存在です。

したがって、会社が存続するためにはコンプライアンス遵守は必須条件です。そして**経営者がコンプライアンスを軽視するような態度や振る舞いをしたら、管理職はそれを諫《いさ》めなければなりません。**

そうしなければ最悪の場合、会社が消滅しかねないからです。

経営者にとって耳の痛い話であり、場合によってはそのようなことを言ってくる管理職を遠ざけるようなこともあるかもしれません。また、イエスマンに囲まれている経営者の場合だと、悪い話はまったく耳に入らないかもしれません。

それでもやはり、問題を感じたらコンプライアンスの重要性を訴えていくべきです。

同時に安全配慮の面では、社員が健康で働き続けられるよう、社員の体調やメンタル面

には目配りをしておき、いざという時にはすぐに対応策を取れるようにしておくべきです。

⑤情報伝達・共有力

管理職は、基本的には部下に実務を任せ、自分は上位レイヤーで部下の業務を管理したり、必要であればヘルプをしたりするという役割のはずです。

そうであれば、**業務遂行のために必要な情報は部内全体で共有・可視化し、誰が何をいつまでにやるべきか、明確にしておかなければなりません。**「そんなの簡単だよ」と思われるかもしれませんが、実はこれができていない管理職が多いのです。

必要な情報を自分で抱え込んでいたり、あるいはごく一部の部下に伝えただけで全員に共有しているつもりになってしまったり……。

仕事の成果が個人の頑張りにかかっていたところとは、時代が違います。

今はチーム全体で成果を上げることが求められているのです。チーム内でどうも業務がうまく回らないと感じている管理職の方は、まず情報共有を徹底することから始めてください。

⑥適材適所の人材配置、及び育成

自分が見込んだ部下なのに、なぜか成果が上がらない……といった経験はありませんか？

それは、その部下の適性を見抜いていなかったことが原因かもしれません。人は適性のないものをどんなに頑張っても、適性のある人にはかないません。そのような場合は、無理をさせずに本人の適性に合った業務をさせる必要があります。

学校の勉強であれば苦手科目の克服は大切な課題ですが、会社はそうではありません。**苦手な業務を克服させるために貴重な時間を割くのは、意味がないことです。**

それよりも得意分野で能力を発揮してもらったほうが、よほど会社の利益になります。

そのためにも、日頃から部下とコミュニケーションを取り、個々人の適性を把握しておくことが大切です。

以上、管理職に必要な6つの資質をお伝えしました。

とはいえ、最初からすべての項目についてできる管理職はそう多くないと思います。

管理職にふさわしいと感じる社員がいたら、不足する資質を見抜き、その部分を研修などで補っていく。

そのような動きが人事の責任者には求められるでしょう。

どの職種であれ、まずは職種の特徴を理解し、求められる人材を分析した後に、力量を図る質問をし、その回答が前向きなものか後ろ向きなものかから、適した人材かを見抜くことが大切です（**図11**）。

見抜きポイント

職種ごとに必要な資質は大きく異なる。どの社員がその資質を持っているのかを見抜き、適切な人員配置をすること

図11

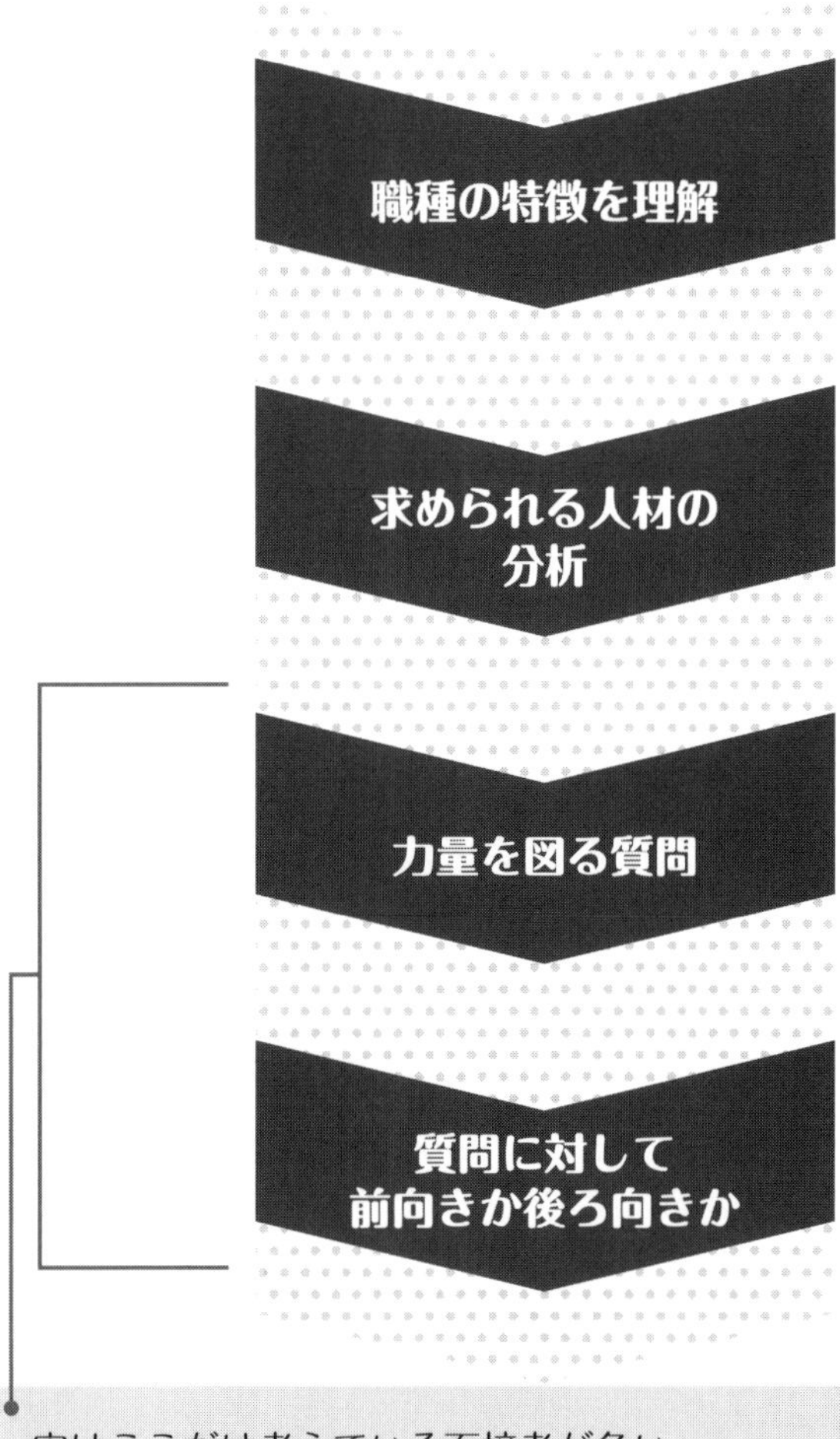

実はここだけ考えている面接者が多い。
しかし、採用活動の根幹を考えた時、「職種の特徴を理解」「求められる人材の分析」が必要になってくる。

小さな会社の人材採用で大切なこと

ただでさえ人材不足の時代、中堅企業や小さな会社ではさらにシビアです。

私が勤める会社は中堅のメーカーだからか、大手企業の面接で通らなかった人たちが応募してくることが多い傾向にあります。

おそらくこの傾向は他業界でも同じなのではないかと考えています。

人材難にあえぐことが多い会社の採用担当に必要なスキルこそがニュートラルな考え方です。

私の所属する業界でいえば、大手企業に入れなかった求職者の方々は、面接で自身の強みやポテンシャルをうまく説明できなかった傾向があります。

技術職を採用することが多く、理系の学生が多いことも影響しているかもしれません。

その時に、私が重要視するのは、求職者の長所を見ること。その長所と自社の求めているものが合致するかを確認することです（**図12**）。

相手の説明がうまくなくても「言わんとしていること」や「想い」をくみ取ったり、技術職に必要なスキルを持っているか確認したり、技術職として望ましい性格かどうかを確認したりします。

欠点ばかりを見てしまいがちですが、それでは相手の良さを見ようとしないということと同義であり、ニュートラルな考えから逸脱してしまいます。

目の前の求職者の長所と会社が求めているものが重なり合うのか、そのことに集中すると、求職者の隠れていた可能性が見えてきます。

また、何度かご説明してきましたが、受け答えだけでなく、態度や声からも求職者の誠意を見ることができます。

重要なのは、見た目だけでなく、声音、身振り手振りなども加味して判断していくことです。

図12

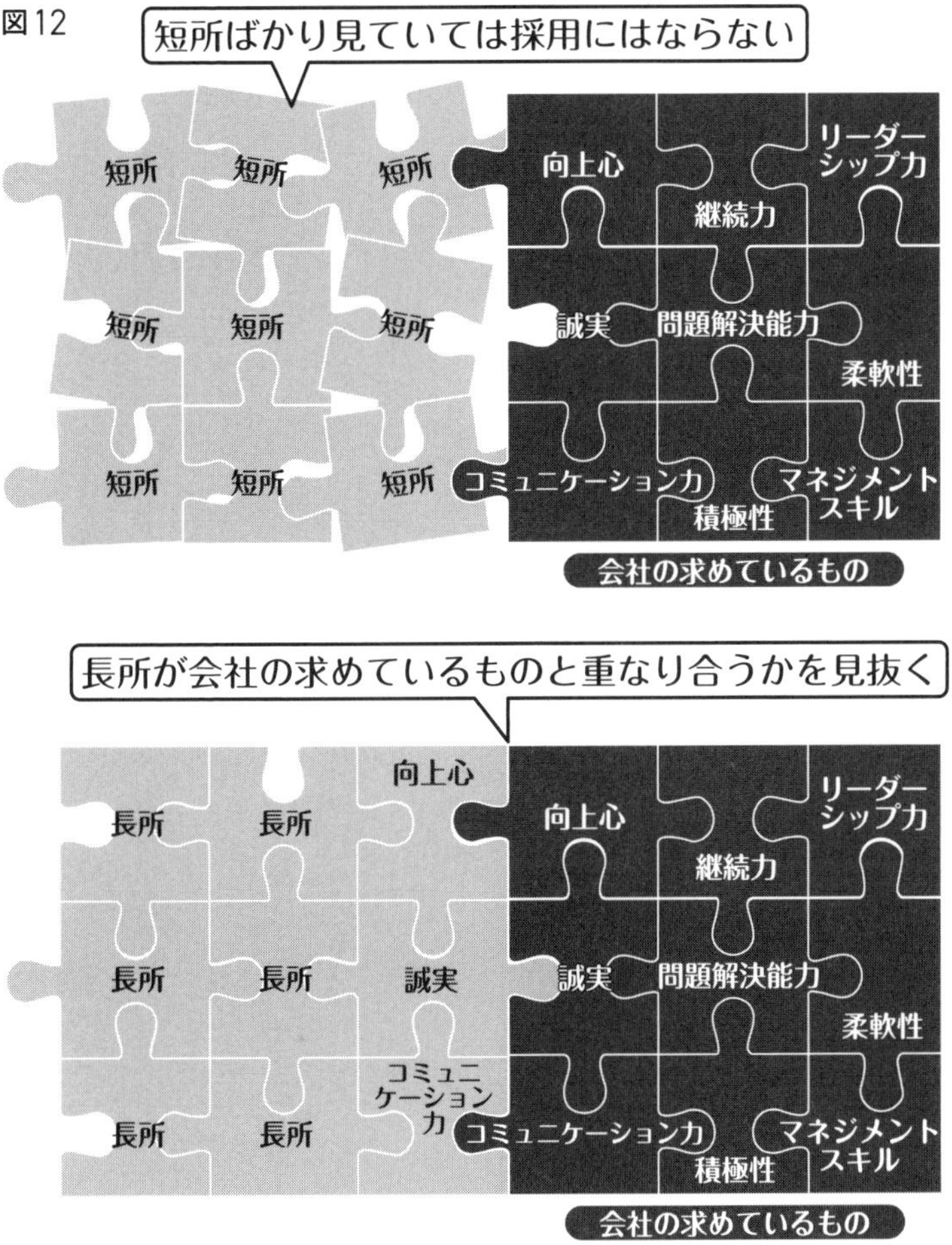
短所ばかり見ていては採用にはならない
短所
短所
短所
短所
短所
短所
短所
短所
短所
向上心
リーダーシップ力
継続力
誠実
問題解決能力
柔軟性
コミュニケーション力
マネジメントスキル
積極性
会社の求めているもの
長所が会社の求めているものと重なり合うかを見抜く
長所
長所
向上心
長所
長所
誠実
長所
長所
コミュニケーション力
向上心
リーダーシップ力
継続力
誠実
問題解決能力
柔軟性
コミュニケーション力
マネジメントスキル
積極性
会社の求めているもの

求職者が頑張ったこと、自覚している強みに対して、自信を持って語れているか？

うまく伝えられずとも、伝えたいという意思が感じられるか？

などは声音、身振り手振りに表れます。

こう考えると、長所を見るということは相手の本気度を見るということと同じだと考えてもよいはずです。

Column

おわりに

「不寛容の時代」という言葉をよく耳にします。

多様性の尊重が唱えられている一方で、意見の異なる相手を認めようという寛容性が失われ、いろいろな分野で対立が起きています。

これは、自分の尺度で他人を測り、そして自分の思うように動かない相手を許せなくなることが、そもそもの原因なのでしょう。

このような余裕のないギスギスした社会は生きづらいものです。

そして余裕のなさが、さらなる余裕のなさを生み出し、負のスパイラルに陥ります。

私が本書で皆さんにお伝えしてきた「ニュートラルな姿勢」で物事を見ていくことは、単に会社内の人事に関することだけでなく、社会の有り様を変えられることにつながると考えています。

本書でも幾度となくお伝えしてきましたが、自分の偏見や思い込みをいったん脇に置いて相手を見るというニュートラルな姿勢は、積極的に相手のことを認めようという考え方でもあります。

その時、無理をして相手の考えを自分の中に取り込む必要はありません。

「自分は自分、相手は相手。それでいい」のです。

例えば会社であれば、経営陣はすべての社員の価値観を認めたうえで、自分たちの進みたい方向に舵を切っていけばよいのです。

合う社員は残るでしょうし、どうも合わないと感じる社員は去っていくでしょう。

それでよいのです。

それにもかかわらず、無理に経営陣の価値観を押し付けていたら、パワハラや過労死は増え、あるいはうつ病を発症する社員が後を絶たず、また、入社した社員もすぐに辞めてしまうという状況が続くでしょう。

多くの人がニュートラルな姿勢でお互いを認め合うことができたら、もっと生きやすい社会になるはずです。

そしてその実現のために、少しでも多くの方に本書を役立てていただければ、望外の喜びです。

２０２５年２月

本杉芳和

●著者プロフィール

本杉 芳和（もとすぎ よしかず）

総務人事歴20年の採用人事のプロフェッショナル。

東京電力株式会社を経て、小田原の中堅企業での社長秘書業務などでマネジメントを学ぶ。その後独立し、FC英会話スクールを経営。

さらなるステップアップのため、富士フイルムグループ、富士急グループなど大手有名企業を中心に転職をし、人事部門で採用基準策定・等級制度導入・社会保険業務の効率化などに取り組み、会社から3回表彰される。また、7000人以上の採用面接と社員面談に関わる。

2011年には、地域行政に興味を持ち小田原市議会議員選挙に出馬し、惜しくも落選。その後、以前から興味のあった整体を学び、2012年に本杉整体施術院を開業。2013年には、転職や独立のための教育機関「本杉総合教育研究所」を小田原に開設した。

現在、売上高200億円規模の半導体製造会社にて人事課長として勤務。できる人・できない人を見抜く類いまれな活眼力で、組織の人事戦略を担っている。

著書に、『一切の不安なく辞表が書ける転職の教科書』（ごま書房新社、2013年）、『人事のプロが探る天職への扉」（武田出版、2010年）がある。

企画協力　株式会社ブックダム
編集協力　滝口雅志
装丁・組版　伊藤暢哉（GT BROS）
図　　版　春田　薫
校　　正　菊池朋子

もう即戦力を採り逃さない「人の見抜き方」

「思い込み」に隠された真の能力は「ニュートラル視点」で引き出す

2025年２月25日　第１刷発行

著　　者　本杉芳和
発 行 者　松本　威
発　　行　合同フォレスト株式会社
郵便番号 184-0001
東京都小金井市関野町1-6-10
電話 042（401）2939　FAX 042（401）2931
ホームページ　https://www.godo-forest.co.jp/
発　　売　合同出版株式会社
郵便番号 184-0001
東京都小金井市関野町1-6-10
電話 042（401）2930　FAX 042（401）2931
印刷・製本　モリモト印刷株式会社

ISBN　978-4-7726-6261-1　NDC336　188×130